Meine Zeit ist mein Leben

Jutta Mügge | Eckhard Bieger | Wilfried Bieger

Meine Zeit ist mein Leben

Berufszufriedenheit & Burnoutprophylaxe

Bibliografische Information
der Deutschen Nationalbibliothek

Die Deutsche Nationalbibliothek
verzeichnet diese Publikation in der
Deutschen Nationalbibliografie;
detaillierte bibliografische Daten
sind im Internet über
http://dnb.d-nb.de abrufbar.

Alle Rechte vorbehalten.

Dieses Buch, einschließlich aller seiner
Teile, ist urheberrechtlich geschützt.
Vervielfältigungen, Übersetzungen,
Mikroverfilmungen sowie die
Einspeicherung und Verarbeitung in
elektronischen Systemen bedürfen der
schriftlichen Genehmigung des Verlags.

Umschlagbild: © Michael Richardy

Gesamtgestaltung: Rainer Kuhl

Copyright ©: EB-Verlag Dr. Brandt
Berlin, 2010

ISBN: 978-3-86893-026-9

E-Mail: post@ebverlag.de
Internet: www.ebverlag.de

Printed in Germany

Inhaltsverzeichnis

Einleitung 7

1.0 Zeitmanagement – worum geht es? 9
   1.1 Die fehlende Zeit 10
   1.2 Freiheit wird zur Last 14
   1.3 Freiheit braucht Zeit 18
   1.4 Ein Tagesrhythmus ordnet meine Zeit 20

2.0 Zeitmanagement – das Grundprinzip 24
   2.1 Werte als Wegweiser zur Berufung 24
   2.2 Aufgabenanalyse 36
   2.3 Das Pareto Prinzip 42
   2.4 Die vielen Notwendigkeiten 49

3.0 Die eigene Lebensaufgabe
erkennen und verfolgen 55
   3.1 Berufungen gewinnen ihre Form 55
   3.2 Berufung spirituell 58
   3.3 Freiheit und Berufung 64

4.0 Biorhythmus und Zeitfallen 72
   4.1 Der Biorhythmus und die Schlafkurve 73
   4.2 Die Verführungen in der Zeitorganisation 81

5.0 Burnout 93
   5.1 Burnout – das Phänomen 93

5.2 Der Schlaf bestimmt den Tag	97
5.3 Umgang mit Stress	105
5.4 Burnout-Prophylaxe	108
5.5 Erholung von Burnout	112
Anhang	118
Arbeitsblatt: Tätigkeiten auflisten	119
Zu den Autoren:	120
Weitere Bücher von weiterbildung live	123

Einleitung

Kurse für Zeitmanagement und Beratungen haben uns die Prinzipien des Zeitmanagements entwickeln lassen. Anfangs eher für Führungskräfte angelegt, zeigte sich bald, dass auch Studenten und Hausfrauen die beiden Prinzipien nutzen können, auf die sich das Zeitmanagement eindampfen lässt. Einmal die Erkenntnis des Max Planck-Institutes für Biorhythmus zum Zusammenhang von Schlafkurve und leistungsstarken Zeiten am Tag. Zum anderen das Paretoprinzip, mit dem sich die wenigen, wirklich wichtigen Tätigkeiten am Tag organisieren lassen.
Mit zunehmenden Anforderungen und Umstellungen, insbesondere im kirchlichen und sozialen Bereich, wurde deutlich, dass der Einzelne immer weniger auf Rahmenbedingungen vertrauen und sich in der Fülle der Aufgaben immer schwerer orientieren kann. Wir mussten einen neuen Kompass entwickeln, damit jeder den Roten Faden in seinem Leben entdecken und durch den Alltag hindurch verfolgen kann. Das Thema „Lebensaufgabe", „Lebensberufung" wurde immer wichtiger.
Als Letztes profitierten wir von den wissenschaftlichen Arbeiten, der Entwicklung der Labordiagnostik und einfachen Naturpräparaten von Wilfried Bieger zum Symptombereich von Burnout. Das Buch soll nicht zuletzt Burnout-Gefährdeten und Menschen mit einem Burnout-Zusammenbruch helfen, wieder zur ursprünglichen Leistungsfähigkeit zurückzufinden – ohne Antidepressiva und andere Medikamente mit ihren unbewiesenen Heilungsversprechen und erheblichen Nebenwirkungen.

1.0 Zeitmanagement – worum geht es?

Vielleicht stellen Sie sich Zeitorganisation als ein Verfahren vor, mit dem Sie exakt planen und Ihre Zeit möglichst intensiv ausschöpfen. Dann wäre das Zeitmanagement eine Zwangsjacke. Mit der hier vorgestellten wertorientierten Zeit- und Lebensorganisation unterwerfen Sie sich aber gerade nicht einer exakten Minutenplanung und müssen sich nicht zum Sklaven Ihrer eigenen Zeitorganisation machen. Sie organisieren vielmehr Ihre Zeit so, dass Sie Ihre vorrangigen Ziele im Blick behalten. Sie beschäftigen sich mit Ihren Wertvorstellungen und dem, was Sie im Leben leitet. Sie entdecken, was für Sie in Ihrem Leben, in Ihrer Arbeit, in Ihrer Freizeit wirklich wichtig ist und was Sie tun müssen, um dem Roten Faden in Ihrem Leben zu folgen. Sie entdecken ganz neu ihre Freiheit, indem sie Zeit finden, das zu tun, wozu Sie sich als freier Mensch allein entschieden haben. Sie entwickeln Sicherheit darin, den vielen Ablenkungen etwas entgegenzusetzen und gewinnen ein gutes Maß an Selbstbewusstsein, weil Sie dem Roten Faden Ihres Lebens gezielt nachgehen. Sie erkennen weiter, welcher biologische Zeitrhythmus Ihnen die besten Stunden für konzentriertes Arbeiten zur Verfügung stellt und wann Sie weniger leistungsfähig sind. Sie erfahren die Stärken und Schwächen Ihres Zeit-Charakters und können Ihre Zeitfallen besser verstehen. Sie merken, dass es nur wenige Dinge sind, die Sie in Ihrer Zeit- und Lebensplanung beachten müssen. Sie durchschauen auch, dass vieles zwar geplant und gemacht werden muss, aber nicht mehr den Einfluss ausübt, Sie an dem zu hindern, was Sie „eigentlich tun wollen".

Die Methoden der wertorientierten Zeit- und Lebensorganisation helfen Ihnen, das für Sie **Wichtige** herauszufinden und auch umzusetzen. Die hier vorgestellten Methoden und Schritte unterstützen Sie darin, nicht zum Sklaven Ihrer Zeit zu werden, sondern ihre Freiheit umzusetzen und so für Ihre persönliche Zufriedenheit zu sorgen.

Das klingt eigentlich ganz einfach – aber warum ist es so schwer, zu einer guten Zeitorganisation zu kommen, so dass wir am Abend zufrieden auf den Tag zurückschauen können? Fehlt nicht – bei aller Zeitorganisation – mir und vielen Zeitgenossen einfach die Zeit, um all das zu tun, was zu erledigen ansteht?

1.1 Die fehlende Zeit

Fast jeder berichtet davon, zu wenig Zeit zu haben. Was im Beruflichen das normale Grundgefühl darstellt, gilt oft noch verschärft für die menschlichen Kontakte. Ich komme immer weniger dazu, mich mit Freunden zu treffen, einmal spontan einen Besuch zu machen. Wenn jemand aus meiner Familie oder meinem Bekanntenkreis im Krankenhaus liegt, kommt es einem Kraftakt gleich, gegen die Verstrickung in Terminen einen Besuch in meinen sowieso zu vollen Tagesablauf einzuplanen.
Einige der Ursachen liegen auf der Hand: Die Einsparung an Arbeitsplätzen hat die Arbeit nicht vermindert. Weniger Menschen müssen das Aufgabenvolumen bewältigen, das teilweise noch größer geworden ist. Die Kunden, das sind wir selbst, sind anspruchsvoller geworden. Wenn jeder den

„Groschen zweimal herumdreht", vergrößert das die Anforderungen an Qualität und Service. Wer im Beruf bestehen will, muss sich breiter informieren. Das kostet Zeit. Vieles ändert sich, wer mithalten will, um seinen Arbeitsplatz nicht zu verlieren, muss sich fortbilden. Während der Fortbildung bleibt die Arbeit liegen.

Was wir meist übersehen: Wir sind selbst anspruchsvoller als noch vor Jahren. Anspruch kostet auch Zeit. Allein die Auswahl eines neuen Handys oder der Kauf eines Computers frisst Zeit. Wer einen Reisekatalog durchblättert, hat bereits „Zeit verloren", bevor der Urlaub überhaupt angefangen hat. Andere, die in ihre Ferienwohnung fahren, brauchen auch Zeit, alles einzupacken, was man für das Wochenende oder einen Kurzurlaub mitnehmen muss. Inlinescater, Mountainbike, Surfbrett machen den Urlaub erlebnisreicher, aber das Einladen kostet Zeit.

Die Geräte, die unser Leben erleichtern und erlebnisreicher machen, erfordern Wartung und Aufwand für Reparaturen. Selbst wenn wir nach zwei Jahren von unserem Provider ein neues Handy bekommen, will auch das Neue ausgewählt werden. Wie viel Zeit kostet es dann, sich mit den vielen neuen Funktionen vertraut zu machen.

Was auch unbemerkt bleibt; in den letzten Jahren ist bei uns das Zeitbudget größer geworden, das wir den Medien widmen. So hat die Zeit, die wir vor dem Fernseher verbringen, immer noch zugenommen. Zu den bisherigen Medien ist das Internet als Zeitfresser hinzugekommen. Diese Medien wirken nicht – wie vielleicht noch die Zeitung – nur über unseren Verstand, sondern richten sich an das Gefühl und erzeugen auch ein bestimmtes Gefühl. Das Fernsehen bindet uns, weil wir auf den guten Film, die gute Szene, die interessante

Tierbeobachtung warten. Wir zappen so lange, bis wir das Gefühl haben, die Zeit vor dem Fernsehschirm hätte sich gelohnt – und legen die Fernbedienung oft mit dem Eindruck weg, nur Zeit verloren zu haben.
Das Internet stellt sich wie eine große Landschaft dar, in der alles, was den Menschen ausmacht, was ihn weiterbringt, was er kaufen könnte, wohin er reisen könnte, in wen er sich verlieben könnte, mit einem nächsten Klick erreichbar erscheint. Die ganze Welt liegt hinter dem kleinen Bildschirm, sie will nur gefunden werden.

Das moderne Leben suggeriert uns Freiheit und bindet uns – mit Arbeitszeitregelungen, Handyverträgen, Flatrates für das Internet, Versicherungen, Abonnements. Oder die vielen Feriengebiete: Jedes ist inzwischen preiswert mit dem Flugzeug zu erreichen – aber auch dort hat uns die moderne Lebenswelt im Griff. Wir bleiben mit dem Handy erreichbar, müssen aus einer Vielzahl von Angeboten auswählen und haben meist zu wenige Tage Zeit, um alle Angebote wahrnehmen zu können.
Die große Auswahl, verbunden mit den gewachsenen Anforderungen an unseren Arbeitsplatz und den ständigen Veränderungen von Produktionsabläufen, neuer Software, neuen Handyverträgen, weitet unsere Möglichkeiten aus und lässt uns zugleich mit dem Gefühl zurück, dieser Welt ausgeliefert zu sein. Wir sind mit der Vielzahl der Möglichkeiten, den ständig besser werdenden Küchengeräten, den Handys mit immer mehr Funktionen, dem Internet, das uns auf unserem Smartphone immer begleitet, den Billigflügen in viele Städte und Feriengebiete zwar viel beweglicher geworden, aber zugleich fühlen wir uns weniger frei. Es fehlt uns die Zeit,

Die fehlende Zeit

alle beruflichen Aufgaben zu erfüllen, die möglichen Projekte umzusetzen, die Freizeit so zu genießen, dass wir die gebotenen Möglichkeiten ausschöpfen, ohne in Zeitdruck zu geraten.

Deshalb ist die eigene Zeitorganisation für die meisten von uns der Dreh- und Angelpunkt geworden, um beruflich seinen Mann, seine Frau zu stehen, sein Privatleben nicht an die verschiedenen Zeitfresser zu verschwenden, sondern Zeit dafür zu haben, worauf es mir im Leben ankommt – beruflich und privat.

Verspricht das Zeitmanagement aber nicht zuviel, wenn es versucht, uns anzuleiten, ein zufriedener Mensch zu werden, der das tut, was er tun will? Der dem Wichtigen in seinem Leben die dafür notwendige Zeit gibt. Zeitmanagement kann doch nur aus einigen wenigen Tipps bestehen. Aber wie kann ich mich mit einigen Tipps gegen die ganze moderne Lebenswelt stemmen? Oder hilft mir das Zeitmanagement, mich irgendwie „durchzuwurschteln" und dabei weniger unzufrieden zu sein als mit dem bisherigen Termindruck und den immer größer werdenden Anforderungen? Brauche ich nur ein besseres Kalendersystem, um meine Probleme mit der eigenen Zeitorganisation loszuwerden?

Resümee:

Das moderne Leben bietet sehr viel mehr Auswahlmöglichkeiten. Es gibt nicht nur einen Kleinwagen, sondern zehn und mehr. Es gibt nicht nur ein Telefon, das eine Sprechverbindung herstellt, sondern inzwischen Smartphones zum Fotografieren, Emailschreiben, zum Fernsehen und Musikhören. Wir fahren nicht mehr nur an den Königssee, sondern auf die Balearen, wandern in Neuseeland oder tauchen im Indischen Ozean. Diese vielen Möglichkeiten erzeugen das Zeitproblem, nämlich wann ich all das tun soll, was ich tun könnte. Zugleich sind die beruflichen Anforderungen gewachsen. Wir müssen nun nicht mehr nur 5 Briefe , sondern 50 Emails lesen.

1.2 Trotz größerer Möglichkeiten wird die Freiheit zur Last

Die Zeitanalyse im vorausgegangenen Abschnitt zeigt: Die größere Auswahl macht auch „Stress", denn sie stellt mich vor ein Dickicht von ständig neu zu entscheidenden Alternativen. Gehe ich heute Abend ins Kino, treffe ich Freunde, schaue ich mir einen Film an, den mir jemand auf eine DVD gebrannt hat, lese ich ein Buch oder setze ich mich einfach vor die „Glotze". Was soll ich auswählen? Ob Kino oder DVD, Freunde treffen und meine Emails beantworten – was macht den Unterschied? Die berufliche Welt hat sich ähnlich verzweigt. Es gibt nicht nur den Mechaniker, sondern den Anlagenmechaniker, den Industriemechaniker, den Konstruktionsmechaniker, den Werkzeugmechaniker, den Mechaniker für Reifen- und Vulkanisationstechnik u.v.a. Aus über 300 Ausbildungsberufen können die Schulabgänger heute auswählen. Bei der Auswahl müssen sie immer im Auge behalten, welche Zukunftsperspektiven sie sich mit einer Ausbildung eröffnen.

Noch tiefer gehend sind die Auswahlmöglichkeiten in Fragen der Weltanschauung. Was wir an den Muslimen noch beobachten können, dass die Religion mit ihrer Gebets- und Fastenpraxis ein Gerüst für den Alltag liefern kann, ist in den westlichen Ländern nicht mehr möglich. Die Gesellschaft ist nicht mehr einfach evangelisch oder katholisch, sondern zerfällt in viele Lebenswelten. Jede Fernsehserie führt ein anderes Lebensmodell vor, in der Zeitung steht heute das und morgen jenes.

Auch die Wissenschaft bietet kaum noch einen sicheren Boden. Ständig ändern sich z.B. die Theorien, wie man sich gesund ernähren soll. Die Atomphysik hat nicht nur den Unterschied zwischen Teilchen und Welle aufgehoben. Nicht nur kann ein Elektron mal ein Teilchen, mal eine Schwingung sein. Die Wissenschaft erklärt auch, dass sie kein einheitliches Bild der grundlegenden Kräfte und des Aufbaus der Atome liefern kann. Das einzige, worauf wir uns verlassen können, ist, dass die Welt übermorgen anders zu sehen ist als heute. Damit sind wir für unsere persönliche Lebensführung mehr als frühere Generationen auf uns selbst gestellt. Wir sind vor Herausforderungen gestellt, die am Beginn der Moderne niemand vorausgesehen hat. Konkret erleben wir, dass freie Berufswahl und freie Wahl der Freizeitaktivitäten nicht unbedingt zu einem größeren Gefühl der Freiheit führen. Hinzu kommt das ständig erhöhte Tempo der Veränderungen. Ich muss mich nicht nur am Beginn der Ausbildung für einen Beruf entscheiden, sondern in der eigenen Berufskarriere ständig neue Entscheidungen treffen. Das moderne Leben lastet dem einzelnen eine zunehmende Zahl von Entscheidungen auf. Die Auswahl der Restaurants wird größer, die Speisekarten länger, unsere Ansprüche größer. Die neuen Rechnergenerationen mit leistungsfähigeren Software-Programmen kommen immer schneller auf den Markt, die Ratschläge für richtige Ernährung werden immer unübersichtlicher. Entsprechend dem Freiheitsversprechen der Marktwirtschaft und der Freizeitindustrie müssten die sich ständig vermehrenden Entscheidungsalternativen als Zuwachs von Freiheit erlebt werden. Das ist aber schon deshalb nicht möglich, weil bei einer großen Zahl von Angeboten jede Entscheidung zur Konsequenz hat, dass der Entscheidende sehr viele Angebote ausschließen muss. Zudem wollen Menschen nicht so viele Entscheidungen treffen, weil die Kriterien für die Auswahl immer schwieriger herauszufinden sind und die Gefahr, das Zweit- oder Drittbeste auszuwählen, immer mehr wächst. Freiheit wird im Blick auf die notwendigen Entscheidungen daher immer mehr als Last und immer weniger als befreiend erlebt. Gerade diese veränderte Erfahrung von Entscheidungssituationen erklärt die oft gedrückte Stimmung und die Zurückhaltung gerade der jüngeren Generation. Sie kann zwar besser als die Generation der Erwachsenen mit einem Handy umgehen und lebt im Internet, als wäre es ihre zweite Haut, aber sie verbreitet keine Aufbruchstimmung. Ähnlich ist die Einstellung gegenüber der Politik. Die gesellschaftlichen Reformprojekte versprechen kein besseres Leben mehr. Zu viele Lebensentwürfe und Weltanschauungen werden angeboten, so dass man nicht alles ausprobieren kann, um zu wissen, ob diese das Leben tragen. Weil das Entscheiden so komplex geworden ist, muss jeder einzelne sich noch intensiver mit seiner Freiheit auseinandersetzen. Besonders deutlich erfahren wir die moderne Lebensproblematik in unserem Zeitgefühl. Wir brauchen immer mehr Zeit, um zu entscheiden. Vieles, was wir anpacken, verliert bald seinen Reiz, manches gelingt uns nicht und die äußeren Anforderungen wie auch unsere Ansprüche an eine gelingende Freizeit nehmen zu.

Eines ist bereits deutlich: Wir können nicht viel gewinnen, wenn wir die Auswahl der Freizeitaktivitäten, den Kauf moderner „zeitsparender" Geräte, noch weiter steigern. Alles, was wir zusätzlich anschaffen, womit wir uns beschäftigen, „kostet" Zeit. Auch das Zeitmanagement verbraucht Zeit. Wäre es nur das 27. Verfahren, unseren Alltag zu optimieren, würde es wie das Internet oder das Fernsehen zum Zeitfresser.

Eine Alternative wäre, dass wir ganz aus der Zivilisation aussteigen, einfach leben, nicht mehr mit dem Auto oder dem Zug unterwegs sind. Die wenigsten von uns können sich das leisten. Wenn wir nicht auf eine einsame Südseeinsel ziehen, sondern hier irgendwo im Wald in einer Klause lebten, wären wir immer noch in das Gesundheitssystem eingebunden. Zumindest hätten wir eine Adresse, über die uns das Einwohnermeldeamt und andere erreichen. Die wenigsten haben die Möglichkeit, sich aus der Welt zurückzuziehen. Wer Kinder hat, muss diese auf das Überleben in dieser Gesellschaft vorbereiten.

Die Optimierung der Zeitorganisation verspricht keinen Ausweg. Deshalb müssen wir von dem anderen Pol ausgehen, der mit der heutigen Zeitproblematik zusammenhängt, von der Freiheit.

Resümee:

Das führt zu dem Paradox der Späten Moderne: Ein Mehr an Auswahlmöglichkeiten wird nicht mehr als ein Mehr an Freiheit, sondern zunehmend als Last erlebt. Geblieben ist, dass unser Leben sich in der Zeit verwirklicht. Denn ohne Zeit können wir unsere Vorhaben, unser Projekt „Leben" nicht umsetzen. Das Zusammenspiel von Freiheit und Zeit macht unser Leben aus. Das unterscheidet uns nicht von früheren Generationen, denn auch sie hatten nur eine Lebenszeit, um innerhalb dieser Zeitspanne ihre Biographie zu formen. Die Herausforderung der Späten Moderne ist das Knappheitsgefühl. Wie werden wir das Grundgefühl los, immer hinter der Zeit herzulaufen?

1.3 Freiheit braucht Zeit

Meine Freiheit ist eng mit der Zeit verknüpft. Mit meiner Freiheit entscheide ich, wie ich die Zeit ausfülle, die mir zur Verfügung steht. Ich kann mich nicht aus der Zeit verabschieden. Ich muss mit ihr zurechtkommen. Seit die Menschen ihre Berufsausbildung selbst wählen können, es keine Heiratsvorschriften mehr gibt, tausende von Urlaubszielen locken, alle wichtigen Informationen und jeder Spielfilm über das Internet zugänglich sind, ist die Freiheit geradezu grenzenlos geworden. Die Konsequenz ist allerdings, dass man für alle Möglichkeiten zu wenig Zeit hat.
Zeit ist aber Voraussetzung, damit ich meine Freiheit umsetzen kann. Denn frei bin ich, wenn ich mich entscheiden kann: für einen bestimmten Beruf, für eine Partnerschaft, für

Kinder, für eine Fortbildung, für ein soziales Engagement oder für das Komponieren, das Schreiben, das Malen. Erst wenn ich entscheide und meine Entscheidung auch umsetze, tritt meine Freiheit aus der Möglichkeit in die Wirklichkeit. Ohne Zeit wird meine Freiheit nicht wirklich. Die Zeit gibt den Rahmen vor, in dem ich frei werden kann. Ich bin nicht nur frei, Maurer oder Lehrer zu werden, nach Teneriffa oder nach Neuseeland zu verreisen, sondern frei, meinem Leben eine bestimmte Gestalt zu geben. In der Zeit entsteht erst meine Biografie. Sie bliebe vage, wenn ich nicht etwas Bestimmtes in die Hand nähme und umsetzen würde. Das heißt konkret, dass ich im Beruf Verantwortung übernehme, mich auf eine Partnerschaft einlasse, Kinder groß ziehe, ein Musikstück komponiere, ein politisches Amt übernehme oder mich in einem Entwicklungsland einer Aufgabe stelle, mich mit meiner Meinung und meinen Wertvorstellungen in der Politik, in einer Kirchengemeinde, bei den Gewerkschaften, in einem Berufsverband einbringe. Sich für etwas zu entscheiden und es dann auch umzusetzen, das verwirklicht meine Freiheit.

Zeit ist also Bedingung für meine Freiheit, ohne Zeit bleibt die Freiheit in der Möglichkeit stecken. Mein Umgang mit der Zeit ist also konkrete Freiheitspraxis. Wenn es mir um meine Freiheit geht, dann muss ich gut mit meiner Zeit umgehen. Zeitmanagement ist in der Späten Moderne nicht nur deshalb dringend geworden, weil jeder mit der Vielzahl der Aufgaben und der Vielzahl der Möglichkeiten besser zurechtkommen muss, sondern weil es wie in jeder Generation um die Selbstverwirklichung jedes einzelnen geht. Dazu fordert jeden einzelnen die eigene Freiheit auf, nämlich sein Leben selbst in die Hand zu nehmen. Da der Mensch nicht durch

Instinkte gesteuert wird, liegt das Besondere seines Lebens darin, die eigene Freiheit zu gestalten. Daraus folgt für unsere Epoche, mit der Zeit zielgerecht umzugehen. Generationen vor der unseren mussten sich erst einmal die freie Berufs- und Partnerwahl erkämpfen, sie mussten Bildungshindernisse beiseite räumen. Auch der Einsatz gegen Seuchen und den frühen Kindstod war Kampf für die Freiheit.

Resümee:

Die Zeit ist nicht nur etwas, das wir irgendwie verbringen, sondern sie ist Bedingung unserer Freiheit. Erst wenn wir konkret entscheiden und die Entscheidung dann auch umsetzen, wird unsere Freiheit wirklich. Meine Freiheit und nicht nur die Vielzahl der Möglichkeiten in der Späten Moderne erfordern einen sorgfältigen Umgang mit der Zeit.

Wie kann es aber gelingen, Zeitorganisation nicht als Korsett zu konstruieren, dem wir uns jede Minute unterwerfen müssen, sondern Zeit so einzuteilen, dass Freiheit wirklich werden kann?

1.4 Ein Tagesrhythmus ordnet meine Zeit

Zeit hat etwas Unverfügbares. Ich kann sie nicht anhalten, kann sie nicht antreiben noch schneller vorbei gehen lassen. Ich kann sie auch nicht ignorieren. Zeit bestimmt mein Leben, ich habe nur eine bestimmte Zeitstrecke zur Verfügung. Am Ende meines Lebens wird es sich zeigen, was ich aus meiner Zeit gemacht habe. Werde ich zufrieden auf die Zeit zurück schauen? Werde ich trauern, weil ich sie nicht genügend für das genutzt habe, was ich hätte tun können oder müssen? Werde ich sie in meiner Sterbestunde „zurücklassen" können?

Zeit geht dahin. Auch wenn ich sie nicht nutze, ist diese Zeit ein für allemal verloren für das, was ich hätte tun können oder müssen. Die Zeit fordert meine Würdigung, meine Aufmerksamkeit, meine Sorgfalt. Nicht selten gehe ich jedoch achtlos über meine Zeit hinweg, wenn ich denke, alle Zeit der Welt zu haben, oder wenn ich mich im Internet oder im Durchblättern von Katalogen verliere. Das moderne Leben lässt mich mit dem Gefühl der Zeitknappheit zurück. Bei den vielen äußeren Anforderungen wird mir zu selten bewusst, dass meine Lebenszeit begrenzt ist und ich mein Zeitkontingent nicht selbst festlegen kann. Wie aber komme ich zu einer Sorgfalt mit meiner Zeit?

Meine Zeit ernst zu nehmen, damit sie mir nicht verloren geht, dafür brauche ich erst einmal einen täglichen Rhythmus. Diejenigen, die noch im Arbeitsprozess stehen, haben es da leichter als die anderen. Ihnen ist ein Rhythmus vorgegeben. Sie haben eine ihnen vorgegebene Arbeitszeit, sie müssen regelmäßig zu einer bestimmten Zeit an Ort und Stelle sein und haben Aufgaben, Arbeitszeiten und Pausen, die sie einhalten müssen. Ein großer Teil des Tages ist in seinem Rhythmus durch Anforderungen des Arbeitsplatzes abgesichert. Selbstständige, Hausfrauen, Studenten, Arbeitslose und Rentner haben es mit dem täglichen Zeitrhythmus schwerer. Sie sind in ihrer Zeiteinteilung nicht so von außen festgelegt. Deshalb brauchen sie eine gute Tagesstruktur, um nicht ihre Zeit zu vertrödeln. Denn wenn alles beliebig ist, dann tritt unser innerer „Schweinehund" – es einfach mal gehen lassen – auf den Plan. Wir könnten auch sagen: der „Ungeist", der uns davon abhalten will, unsere Freiheit produktiv zu nutzen, damit wir am Abend zufrieden auf den Tag schauen können. Habe ich für mich eine Regelmäßigkeit im Tagesablauf angelegt, dann muss ich sie gut verankern, weil sie anfällig ist, weil ich verführbar bin. Ich bin verführbar, sie nicht einzuhalten, wenn niemand von außen die Einhaltung einfordert. Zudem gibt es so Vieles, was von außen an mich herangetragen wird und mir einfach meine Zeit „nimmt". Ich muss meinen lauernden Ungeist überlisten. Das geht nur, wenn feste Zeiten und Rituale meinen Tagesablauf stützen. Das kann nur ich selbst. Ich aber bin meinen Verführungen jeden Tag von Neuem ausgeliefert. Deshalb fordert die Zeit auch jeden Tag von mir, nicht auf die Stimmen, die von Außen wie von Innen kommen und die mich von meinem Tagesrhythmus abbringen wollen, zu hören.

Resümee:

Ein stabiler Tagesrhythmus hilft mir, meine Zeit und damit auch meine Freiheit gut zu nutzen. Er ist die Basis eines guten Zeitsystems. Jedoch, ein guter Tagesrhythmus gibt noch keine Antwort darauf, was ich in der mir zur Verfügung stehenden Zeit, vor allem in den produktiven Phasen, die nicht durch Schlafen, Aufstehen, Essen, Aufräumen, Besorgungen erledigen bestimmt sind, tun muss. Auf was kommt es an, wenn ich meine Zeit plane? Was ist es, das mich am Abend zufrieden oder unzufrieden sein lässt? Es hängt letztlich davon ab, dass ich die richtigen Entscheidungen treffe. Dafür brauche ich Orientierung.

Will ich mit meiner Zeit gut umgehen, brauche ich nicht nur eine gute Tagesstruktur und einen beständigen Tagesrhythmus. Ich brauche auch eine Vorstellung davon, was von dem, was ich tue, tatsächlich *wichtig für mein Leben* ist. Es gibt Dinge, die ich tue, weil *andere* das wollen und anderes, was ich tun muss, weil *der Alltag* es erfordert. Davon zu unterscheiden ist das *Wichtige*, das sich von meinem Lebensauftrag, meiner Berufung herleitet.

2.0 Zeitmanagement – das Grundprinzip

Wenn es um die Verwirklichung meiner Freiheit durch Entscheidungen ankommt, die ich in meiner Lebenszeit umsetze, dann brauche ich Orientierung, wie ich zu guten Entscheidungen komme. Erst einmal lässt meine Freiheit mir alles offen. Die vielen Möglichkeiten des modernen Lebens bieten mir eine breite Palette, aus der ich meine Weltanschauung, meinen Beruf, meine Form, in Partnerschaft und Familie zu leben, meine Freizeitbeschäftigung auswählen kann. Es liegt nicht einfach auf der Hand, was für mich das Richtige ist. Auf jeden Fall ist es immer konkret. Das sollen im Folgenden einige Beispiele zeigen.

2.1 Werte als Wegweiser zur Berufung

Beispiel:
Susanne Grün ist 38 Jahre und verheiratet. Sie ist Mutter von 2 Kindern im Alter von 12 und 14 Jahren. Sie ist Hausfrau und sehr gerne auch Mutter. Die Erziehungsphase ist ihr wichtig. Sie will viel Zeit für die Kinder investieren, damit sie möglichst viel von ihren Wertvorstellungen an ihre Kinder weitergeben kann. Aber sie ist nicht nur Mutter, sondern sie hat auch ein Staatsexamen in Germanistik und Kunstgeschichte. Bevor die Kinder kamen war sie im Museum tätig. Die Kunst gehört zu ihrem Leben. Wenn es eben möglich ist, versucht sie am Ball zu bleiben, denn wenn die Kinder älter sind, will sie wieder arbeiten. Es ist ihr besonders wichtig, die neuen Ausstellungen im Kunsthaus bei ihr um die Ecke mitzubekommen, sich mit Literatur auf dem

Laufenden zu halten und, wenn es möglich ist, für wenige Tage eine Kunstreise zu unternehmen.

Wenn wir auf den kurzen Abriss von Susanne Grüns Lebenssituation schauen, wird deutlich, dass sie sich bereits als junge Frau mit der Entscheidung für das Studium der Kunstgeschichte auf etwas festgelegt hat, mit dem sie sich innerlich identifiziert. Sie hat das Studium hervorragend abgeschlossen und das Interesse an Kunst nie verloren. Sie erlebt die Kunst als bereichernd und spürt, dass sie die Auseinandersetzung mit der zeitgenössischen Kunst braucht, auch wenn sie augenblicklich „nur" in der Familienphase steckt. Ihre Rolle als Mutter sieht sie ebenfalls als eine besondere Lebensaufgabe. Sie spürt, dass auch das Muttersein sie erfüllt. Sie möchte ihren Kindern einen guten Start ins Leben ermöglichen, weiß aber auch, dass sie von ihrer Erziehungsaufgabe nur einige Jahre in Anspruch genommen wird. Sie ist in dieser Zeit nicht nur Mutter, sondern auch Susanne, mit allen ihren Talenten und Begabungen. Wenn sie ihre Begabungen liegen lässt, weiß sie, dass später der Anschluss an das, was ihr persönlich wichtig ist, ihr schwer fallen wird. Deshalb will sie auch in der Familienphase ihre persönlichen Ambitionen nicht außen vor lassen.

Beispiel 2:
Hans König ist Hautarzt mit Leib und Seele. Er hat eine eigene Praxis, ist verheiratet und hat drei kleine Kinder.
Für ihn bedeutet sein Beruf sehr viel. Er weiß, dass er in dieses Fachgebiet noch viel investieren muss, weil im Hautbereich noch lange nicht alles erforscht ist und viele Erkrankungen noch nicht heilbar sind. Vor allen Dingen beschäftigen ihn die vielen All-

ergien. Darauf will er sich spezialisieren und hat dafür schon einiges getan.

Auch Herr König hat irgendwann einmal erkannt, dass er Arzt werden will. Sein Interesse für Allergien hat er schon früh entwickelt, weil sein bester Schulfreund unter einer starken Schuppenflechte gelitten hat. Das war für ihn der Ansporn, sich intensiv mit diesem Krankheitsbild auseinanderzusetzen. Das Interesse ist geblieben, zugleich ist er aber auch liebend gerne Vater. Er will dieser Aufgabe gerecht werden und seinen Kindern ein Vater sein, von dem sie etwas mit in ihr eigenes Leben übertragen können.

Wie Susanne Grün und Herr König haben auch wir meist schon früh Vorstellungen entwickelt, was wir mit unserem Leben vorhaben, mit welchem Beruf wir uns besonders gut verwirklichen, mit welchem Lebenskonzept wir uns anfreunden können. Das ist uns nicht immer ganz bewusst, aber intuitiv fühlen wir uns zu etwas hingezogen, in der Hoffnung, damit einen Wert zu verwirklichen, so dass unser Leben an Bedeutung gewinnt. Diese Wertvorstellungen sind es, die unsere Entscheidungen steuern, sowohl beruflich als auch privat. Unsere Wertvorstellungen haben wir früh entwickelt. Wir ändern sie nur selten, so dass sie uns durch unser Leben leiten. Sie sind der Rote Faden, der uns die Richtung vorgibt. Wir haben deshalb Fortbildungen besucht, die Fachartikel und Bücher gelesen, das Gespräch mit Kollegen und Kolleginnen gesucht, damit wir unsere Qualifikation erweitern, um unsere ursprünglichen Wertvorstellungen, unsere persönlichen Visionen besser verwirklichen zu können. Wir haben geheiratet, um eine Familie zu gründen, weil auch das

unseren Wertvorstellungen entsprach. Wertvorstellungen sind es auch, die Menschen in eine religiöse Gemeinschaft führen oder einen kirchlichen Beruf ergreifen lassen.
Unsere individuellen Wertvorstellungen, Begabungen und Talente sind die Ausgangsbasis, die uns ermöglichen, unsere Zeit inhaltlich zu füllen. Denn die wertorientierte Zeitorganisation geht davon aus, dass jeder von uns eine Lebensaufgabe, eine spezielle Berufung in seinem Leben und in dieser Welt hat. Diese Berufung wird von unseren Wertvorstellungen gespeist. Je mehr es jedem von uns gelingt, unsere Wertvorstellungen zu erkennen und im eigenen Leben umzusetzen, desto erfüllter wird unser Leben, denn unsere persönliche Berufung ist einzigartig und nur von uns lebbar. Die eigene Berufung eröffnet uns die Konkretisierung unserer persönlichen Talente. Sie eröffnet uns unsere berufliche wie unsere private Zukunft. Das soll auf den folgenden Seiten erläutert werden. Wir beginnen damit, dass jeder Mensch einmalig ist.

Einzigartigkeit ist Verpflichtung

Jeder von uns ist einzigartig. Kein Fingerabdruck, keine Iris, keine DNA gibt es doppelt. Das ist erst einmal ein biologisches Faktum. Wenn wir aber biologisch einzigartig sind, liegt es auf der Hand, dass wir auch in unserer Person etwas Einzigartiges haben müssen. Das könnte man die Ausgangssituation, die Eizelle für die eigene Berufung bezeichnen. Berufung verstanden als die Herausforderung, das um- und einzusetzen, was jeder an Begabungen mit in diese Welt bringt. Diese Gaben sind einmalig. Wir können zwar ähnli-

Zeitmanagement – das Grundprinzip

che Neigungen wie andere haben, aber dennoch wird jeder ganz individuell mit seinen Talenten umgehen. Das können wir an jedem Arbeitsplatz und in jeder Familie feststellen. Selbst wenn Menschen die gleiche Ausbildung haben und ähnliche Begabungen mitbringen, werden sie immer ihren Arbeitsplatz oder ihr Familienleben anders gestalten als andere.

In dem Wort „Berufung" steckt aber noch mehr, nämlich das Wort „Ruf". Wir sind gerufen. Dieser Ruf, ob er von innen oder außen kommt, lässt sich von anderen Stimmen, die uns verpflichten wollen, dadurch unterscheiden, dass wir zu etwas gerufen werden, was nur wir tun, ausfüllen, in Angriff nehmen können. Etwas, jemand will, dass wir unsere Begabungen nicht vergeuden, vergraben oder verschleudern, sondern da einsetzen, wo sie wirklich gebraucht werden. Erst wenn jeder und jede seine und ihre Berufung in den Arbeits- und Lebensbereich hineinlebt, werden die Vielfalt, die Lebendigkeit und die Besonderheit des menschlichen Daseins Wirklichkeit. Dann zeigt sich: Jeder Mensch ist einmalig und in seiner Lebensaufgabe nicht ersetzbar.

Berufung leben heißt, die einzigartigen Talente, besonderen Begabungen und Wertvorstellungen ins Spiel zu bringen. Es geht nicht darum, irgendeine Mutter, irgendein Arzt oder Rechtsanwalt, irgendeine Erzieherin, Architekt oder Priester zu sein oder zu werden, sondern mit den persönlichen Begabungen und den individuellen Kompetenzen die eigene Berufung zu formen und weiter zu entwickeln.

Unsere Berufung setzen wir mit den Aufgaben um, die uns vorgegeben sind. Das kann sowohl in der Familie wie im Beruf geschehen. Damit wird der Einzelne an seinem Platz einzigartig und nicht austauschbar.

Unsere Berufung wird uns durch die Wertvorstellungen bewusst, auf die es uns im Leben ankommt. Erst wenn wir uns für die Umsetzung unserer Wertvorstellungen entscheiden – mit aller Konsequenz – erleben wir uns als frei. Berufung leben, macht frei. Berufen sind wir alle, nicht nur Priester in der Kirche, sondern jeder von uns hat einen individuellen Lebensauftrag, eine Berufungsaufgabe und schreibt seine eigene Berufungsgeschichte. Die Werte und Talente sind der Nährboden unseres Lebensauftrages, unserer Berufung. Unsere Lebensaufgabe zeigt sich in den Werten, für die wir unser Leben investieren wollen.

Werte sind das, wofür sich meine Lebenszeit lohnt

Die Werte sind es, die uns den Weg zu unserer Berufung und dem uns Wichtigen zeigen. Sie sind es, wofür sich unser Lebenseinsatz lohnt. Durch die Werte können wir das Wichtige besser erkennen und in der eigenen Berufung tiefer verankern. Was haben aber Werte mit Zeitorganisation zu tun?
Wegen der Werte, die wir in unserem Beruf verwirklichen können, erleben wir eine innere Zufriedenheit und Ausgeglichenheit. Wir spüren, dass wir mit unseren Talenten an dem Arbeitsplatz, in der Familie, in der Aufgabe, die wir übernommen haben, gebraucht und gewollt werden. Dieses Gefühl von „ich bin mit meinen Fähigkeiten, meinen Eigenarten" einzigartig und wichtig, bestimmt auch unsere Aktivitäten. Diese finden nicht außerhalb der Zeit statt, sondern in der Zeit. Deshalb ist die Zeitdimension wichtig.
Können wir von diesen Wertvorstellungen an einem Tag so gut wie nichts umsetzen, wird es schwer, sich an dem Ar-

beitsplatz, in der Beziehung oder mit Freunden wohl zu fühlen.

Dies gilt für jeden von uns – nur wer seine Wertvorstellungen in seinem Beruf, in seiner Freizeit, in seinen Lebensvollzügen verwirklichen kann, entwickelt Zufriedenheit, weil er darin etwas Sinnvolles für das eigene Leben umsetzt. Die Zeit für das uns Wichtige leitet sich aus unseren Werten, unserer Berufung ab. Wir haben dafür die Verantwortung und nur wir können sie sichern – indem wir unserer Lebensaufgabe Zeit einräumen.

Werte zu verwirklichen und sich dafür jeden Tag eine bestimmte Zeit einzuteilen, ist das eine, sich Ziele zu setzen, das andere. Beides, Werte und Ziele, hängen jedoch eng zusammen. Werte sind nichts anderes als das, weswegen sich die Erreichung eines Zieles lohnt. Werte sind erlebbar auf dem Weg zum Ziel. Ziele, mit denen wir keine Wertvorstellungen verwirklichen können, werden wir nicht erreichen.

Werte beziehen sich aber nicht nur auf unsere eigene Person. Da wir uns in einer Gemeinschaft bewegen, ermöglichen unsere Wertevorstellungen immer auch etwas für die anderen. Denn durch das, was wir tun, ermöglichen wir auch anderen, einen Wert zu verwirklichen, ob wir das bewusst verfolgen oder nicht. Manchmal allerdings ist es auch das eigentliche Motiv für unser Handeln. Als Mutter oder Vater z.B. wollen wir unseren Kindern Erfahrungen ermöglichen, die auf unseren Wertvorstellungen gründen. Wir wollen Werte an die Kinder weitergeben, die uns wichtig sind. Das Wichtige, das wir mit unseren Kindern tun, leitet sich daher auch von unseren Wertvorstellungen ab.

Werte bestimmen Entscheidungen

Wie die Werte unseren Alltag steuern kann man sich an der Urlaubsplanung leicht verdeutlichen. Wenn wir uns für ein Urlaubsziel entscheiden, dann wählen wir, natürlich unter Berücksichtigung unserer finanziellen Möglichkeiten, bewusst oder unbewusst das aus, womit wir die meisten unserer Werte verwirklichen können. Wenn wir Erholung und Ruhe suchen, dann fahren wir nicht nach Paris oder New York, sondern in irgendein ruhig gelegenes Hotel evtl. mit Wellness Einrichtungen. Wenn wir uns mit alter Kultur beschäftigen wollen, dann fahren wir nach Ägypten, Griechenland, in die Türkei. Wenn wir einen Aktivurlaub wollen, dann fahren wir z.B. ins Gebirge.

Ähnlich wählen wir einen bestimmten Beruf, einen Arbeitsplatz, einen Arbeitgeber, Freunde, einen Ehepartner, weil wir die Werte mit diesen verwirklichen können, die uns selbst in unserem Leben wichtig sind. Wir halten also meist bewusst oder unbewusst nach Tätigkeitsfeldern und Menschen Ausschau, die unseren Wertvorstellungen entsprechen und von denen wir uns in unseren Wertvorstellungen unterstützt fühlen. Werte brauchen immer eine bestimmte Tätigkeit sowie andere Menschen, damit wir sie verwirklichen. Das setzt sich jeden Tag um.

Das *Wichtige* am Tag leitet sich also aus unseren Wertvorstellungen ab. Es ist das, was wir auf Grund unserer Begabungen und unserer Berufung sowie unseres individuellen Lebensauftrages selbst verantworten.

Weil die vielen Anforderungen des Tages es aber schwer machen, herauszufinden, was gerade heute das Wichtige ist, halten wir uns gerne bei den Notwendigkeiten auf. Davon gibt es jeden Tag auch immer genug. Das Notwendige unterscheidet sich vom Wichtigen dadurch, dass es von außen kommt. Es verführt uns, nicht auf unsere Berufung zu achten, sondern unsere Daseinsberechtigung davon herzuleiten, dass andere mit uns zufrieden sind. Wir übersehen aber dabei, dass das Beste, was wir an anderen tun können in der Verwirklichung unserer Berufung besteht.

Das *Wichtige* ist das, womit wir täglich unserem Berufungsauftrag gerecht werden. Es ist das, was wir selbst an unserem Arbeitsplatz, in unserer Familie bestimmen. Wir entscheiden nicht willkürlich, wozu wir gerade Lust und Laune haben oder was uns von außen aufgezwungen wird, sondern folgen unserer Berufung, unseren Talenten und Wertvorstellungen. Mit unseren Wertvorstellungen stellen wir uns den Herausforderungen, die sich in dem jeweiligen Betätigungsfeld ergeben, gleichgültig ob im Beruf, der Familie oder in der Freizeit. Das Wichtige können wir daran erkennen, dass wir selbst es bestimmen. Wenn wir danach handeln, was andere wollen, tun wir nur das, was notwendig ist. Das ist oft nicht das, was sich aus unserem Lebens- und Berufungsauftrag ableitet.

Die vielen anderen Aufgaben, die nicht alle wichtig sind, aber erledigt werden müssen, verschwinden deshalb nicht, sie sind immer da und es gibt immer genug davon. Die Gefahr ist aber groß, bei den vielen zu erledigenden Aufgaben das für mich Wichtige nicht genug im Blick zu haben. Verlieren wir es aus dem Blick, wird unsere Zeit von all den Notwendigkeiten aufgefressen. Deshalb müssen wir täglich auf der Spur unserer Berufung sein, um das Wichtige herauszufinden und zu leben.

Beispiel:
Für Susanne Grün bedeutet das Wichtige, dass sie sich für das Gespräch mit ihren schon etwas größeren Kindern täglich Zeit nimmt, damit sie die Lebenswelt ihrer Kinder mitbekommt. Weiter, dass sie ihre Kinder unterstützen kann, Entscheidungen zu treffen, die für sie förderlich sind. Kochen, Waschen, Bügeln, Einkaufen sind alles Tätigkeiten, die gemacht werden müssen, aber die nicht in die Kategorie „wichtig" gehören, sondern in die Kategorie „notwendig". Für die Kunstgeschichte von Susanne Grün heißt das aber auch, täglich Zeit für die Kunst zu reservieren. Entweder um Literatur zu lesen, eine Ausstellung zu besuchen, einen Artikel für eine Fachzeitschrift zu schreiben etc.

Herr König, der sich auf die Behandlung von Allergien spezialisiert hat, braucht täglich Zeit, um sich mit den Fällen auseinanderzusetzen, die nicht so einfach von der Hand gehen. Dafür muss er die aktuelle Fachliteratur studieren. Eine tägliche Beschäftigung mit diesen Fällen hält ihn als Facharzt auch für die nächsten Jahre fit.
Mit seinen Kindern ist für ihn der tägliche gemeinsame Sport oder das Spiel von besonderer Bedeutung, „wichtig".

Quelle der Unzufriedenheit

Wenn wir selbst keine wichtigen Aufgaben bestimmen und in Angriff nehmen, können wir nur dafür tätig werden, was andere als wichtig bestimmen. Das ist aber dann für uns immer fremdbestimmt. Das macht langfristig unzufrieden. Dass es viel zu viele fremdbestimmte Tätigkeiten gibt, die auf den ersten Blick alle als wichtig erscheinen, macht die

Übersicht und die eigene Entscheidung nicht leichter. Entlastend dabei ist allerdings, dass wir nur *20% der Zeit* am Tag benötigen, um unser *Wichtiges* im Leben oder im Beruf zu verfolgen. 80% stehen für das Notwendige zur Verfügung. Das gilt in gleicher Weise für den Beruf wie für das Privatleben. Dies erklärt das Pareto Prinzip, welches im nächsten Kapitel erläutert wird.

Zusammenfassung

Das Wichtige zu erkennen ist der erste Schritt in ein zufriedenes Leben. Nicht alles, was wir tun, ist wichtig, auch wenn es so erscheinen mag. Wichtig ist nur das, womit wir unsere inneren Wertvorstellungen und den damit verbundenen Berufungsauftrag in dem jeweiligen Aufgabenfeld verwirklichen. Alles andere ist nur notwendig. Daraus folgt, dass Zeitmanagement nicht die minutengenaue Optimierung des Tagesablaufs beinhaltet, sondern darin besteht, sich regelmäßig über das klar zu werden, was *wichtig* ist, um den eigenen Lebensauftrag umzusetzen. Die Wertvorstellungen sind der Rote Faden für das eigene Leben. Dieser Rote Faden ist die Richtschnur dafür, wie wir den eigenen Lebensauftrag, die eigene Berufung umsetzen. Daraus folgen innere Zufriedenheit und persönliches Glück.
Um Ihr Zeitmanagement mit Ihren Wertvorstellungen in Übereinstimmung zu bringen, kann der Fragebogen Ihnen helfen. Sie haben damit auch die Möglichkeit, besser zu verstehen, was Sie antreibt, welche Motive Sie zur Berufswahl leiten und welche Wertvorstellungen Sie leiten. Sie finden die Werte heraus, wofür sich Ihre Lebenszeit lohnt.

Fragebogen:

Wertvorstellungen im eigenen Leben und in der Arbeit erkennen

1. Welche Vorstellungen, Vorlieben, Begabungen haben Sie in Ihre momentane Tätigkeit geführt?

2. Was sind die besonderen Aufgaben in Ihrem Betätigungsfeld, die Sie herausfordern, die Ihnen Spaß machen, weshalb Sie diese gerne tun?

3. Bei welchen Tätigkeiten haben Sie das Gefühl, genau das zu tun, was Sie immer schon wollten? Was befriedigt Sie an diesen Tätigkeiten?

4. Was ist Ihnen an diesen Tätigkeiten wichtig? Welche Wertvorstellungen aus Ihrem Leben verwirklichen Sie damit?

5. Welche Wertverwirklichung wollen Sie durch Ihre Tätigkeit anderen ermöglichen?

2.2 Aufgabenanalyse

Wer sich mit den Prinzipien der Zeitorganisation beschäftigt, kommt meist aus einem angefüllten Leben mit vielen Aufgaben und viel Unerledigtem. Wir schlagen daher eine einfache Methode vor, Klarheit über die Vielfalt der Tätigkeiten zu gewinnen und diese dann zu gewichten, was wirklich wichtig, was nur notwendig ist und was man auch einfach nicht machen muss. Denn um die Bedeutung einer Tätigkeit zu erkennen, ist eine Gewichtung der Aufgaben der Zugang. Sowohl das Wichtige wie das Notwendige haben nämlich Anspruch darauf, realisiert zu werden. Die Gewichtung ermöglicht Ihnen aber auch zu erkennen, inwieweit die Tätigkeiten, für die Sie die meiste Zeit aufwenden, diese auch tatsächlich verdienen, ob das, was Ihnen Befriedigung verschafft, auch das notwendige Gewicht hat, und ob Tätigkeiten, die Sie unzufrieden zurücklassen, notwendig oder überflüssig sind. Wir unterscheiden im Folgenden zwischen:

– Wichtig, weil Sie es wollen;
– Notwendig, um die wichtigen Aufgaben zum Erfolg zu führen;
– Notwendig aber von anderen wichtig gemacht;
– Delegierbar oder überflüssig.

Wichtig weil Sie es wollen

Wichtige Aufgaben und Tätigkeiten sind diejenigen, mit denen Sie bestimmen, was geschieht und mit denen Sie Ihre Wertvorstellungen und Ziele an Ihrem Arbeitsplatz, in Ihrem

Leben in Ihrer Freizeit umsetzen. Wichtig sind die Tätigkeiten, die Sie selbst bestimmen und mit denen Sie Ihren persönlichen „Erfolg", Ihre persönliche Zufriedenheit an diesem Arbeitsplatz, in Ihrer Freizeit, in der Gemeinschaft mit Ihrer Familie und mit Ihren Freunden verwirklichen.

Beispiel:
Susanne Grün entscheidet sich, einen Artikel über eine neue Ausstellung zu schreiben. Wichtig ist, dass Sie sich erst einmal über diese Ausstellung informiert. Dafür braucht sie Material. Die Beschaffung dieses Materials ist nicht wichtig, sondern nur notwendig. Wichtig für sie ist, dass sie sich kundig macht, die Ausstellung besucht und sich überlegt, worüber sie schreiben will und dann den Artikel schreibt. Alle anderen Tätigkeiten, die damit verbunden sind, Materialbeschaffung, zur Ausstellung fahren, durch die Ausstellung laufen, den geschriebenen Artikel Korrektur lesen und ihn dann verschicken, sind nur notwendige Tätigkeiten. Sie sind notwendig, weil sie für die Umsetzung des Wichtigen, nämlich einen Artikel geschrieben zu haben, unerlässlich sind.

Notwendig als Mittel um das Wichtige zum Ziel zu führen

Notwendig nennen wir die Tätigkeiten, die Mittel sind, um einen bestimmten Zweck zu erreichen. Es sind die Bedingungen, die Sie erledigen müssen, damit die wichtigen Aufgaben zum Erfolg führen. Sie sind meist nur die Folge dessen, was zu tun ist, wenn Sie Ihre wichtigen Aufgaben definiert haben. Sie sind Mittel zum Zweck, jedoch nicht ursprüngliches Motiv. Alle Folgearbeiten, die sich aus den wichtigen Aufgaben entwickeln und für das Gelingen dieser Aufgaben erforderlich sind, sind notwendige Aufgaben. 80% Ihrer täglichen Arbeit besteht in *notwendigen* Tätigkeiten, die entweder aus dem für Sie Wichtigen folgen oder von anderen an Sie herangetragen werden.

Beispiel:
Susanne hat gleich am Tag nach dem Besuch der Ausstellung den Artikel für das Kunstmagazin fertig gestellt. Das war ihre wichtige Arbeit. Notwendig ist jetzt noch, dass sie Fehler korrigiert und den Artikel sprachlich überarbeitet, das kann sie auch zwischendrin noch machen, wenn sie dafür Luft hat.

Für Sie nur notwendig, obwohl von anderen wichtig gemacht

Diese Aufgaben sind Tätigkeiten, die andere an Sie delegieren. Die Gefahr ist groß, dass Sie diese Tätigkeiten zu Ihren wichtigen Aufgaben machen. Wenn Sie verführbar sind, die von anderen an Sie delegierten Aufgaben zu Ihren wichtigen Aufgaben zu machen, ist die Gefahr groß, dass Sie sich verzetteln und Ihre selbstbestimmten wichtigen Aufgaben in den Hintergrund rücken.

Beispiel:
Susanne Grün hat sich vorgenommen, das Material für die Ausstellung heute zwischen 8.00 und 10.00 zu studieren. Sie weiß, dass sie heute sonst nicht mehr dazu kommt, weil der Nachmittag mit den Kindern verplant ist. Um 8.20 ruft ihre Freundin Gabriele an. Sie möchte, dass Susanne zum Einkauf eines Wintermantels mitkommt, weil sie den Rat von Susanne schätzt. Su-

sanne ist hin und hergerissen. Sie muss jetzt abwägen. Wenn sie dieser Bitte nachgibt, dann stellt sie das Anliegen der Freundin über ihr Wichtiges. Das hat Folgen, dass sie heute nicht mehr dazu kommt, ihr Wichtiges zu erledigen. Gleichzeitig fühlt sie sich aber auch persönlich aufgewertet, weil ihre Freundin so viel Wert auf ihr Urteil legt. Diese Bitte kann sie ja wohl kaum abschlagen. In diesem Zwiespalt steckt Susanne. Wenn sie sich für ihr Wichtiges entscheidet, kann die Freundin mit Unverständnis reagieren, wenn sie sich für die Freundin entscheidet, stellt sie ihre persönliche Zufriedenheit aufs Spiel.

Delegierbar oder überflüssig

Delegierbare Aufgaben können Sie nur aus Ihren notwendigen Tätigkeiten ableiten. Denn nicht alle notwendigen Tätigkeiten müssen Sie selbst tun. Wenn sie ihre Aufgaben gut durchforsten, finden sich sicher einige, die Sie von anderen bearbeiten oder durchführen lassen können. Es ist nicht notwendig, dass Sie das tun. Das ist der Unterschied zu Ihren wichtigen Aufgaben. Diese können von niemandem anderen gemacht werden. Sie sind nicht delegierbar.
Unter unseren Aufgaben befinden sich außerdem auch immer noch Tätigkeiten, die wir eigentlich gar nicht zu machen brauchen. Da ist z.B. die Werbung, die wir öffnen und auch noch lesen, bevor wir sie in den Mülleimer stecken. Es ginge uns nichts ab, wenn wir sie gleich ungeöffnet in den Papierkorb verschwinden lassen würden. Aber es ist ja so schön, sich einfach auch mal ein wenig mit „Nonsens" zu beschäftigen. Wenn wir aber genau hinsehen, ist es unsere kostbare Lebenszeit, die wir damit verbringen.

Zeitmanagement – das Grundprinzip

Beispiel:
Susanne kann den Brief mit dem Artikel am nächsten Morgen ihrem Mann mitgeben, dass er ihn in den Briefkasten wirft. Sie spart damit einen Gang zur Post.

Aufgabe:
Sie können jetzt Ihre Tätigkeitsliste zur Hand nehmen. (S. Anhang) Listen Sie erst einmal Ihre Tätigkeiten in der linken Spalte auf.
Jetzt ordnen Sie die aufgelisteten Tätigkeiten nach der Bedeutung. Bedeutung heißt hier zu erkennen, ob eine Tätigkeit *notwendig* oder *wichtig* ist.

Dafür bringen Sie Ihre Tätigkeiten zu folgenden Fragen in das untere Fadenkreuz.

1. Welche Tätigkeiten davon sind von mir selbst bestimmt und deshalb wichtig?

2. Welche Tätigkeiten davon sind von anderen bestimmt und deshalb von anderen wichtig gemacht?

3. Was müssen Sie tun, damit Ihre wichtigen Aufgaben auch umgesetzt werden (z.B. organisatorische Arbeiten, Material besorgen, Unterlagen ordnen, Abrechnungen schreiben, Termine vereinbaren, Rückrufe abwarten)

4. Welche Tätigkeiten können Sie delegieren?

5. Bleibt in der Liste etwas übrig, was unnötig war?

Aufgabenanalyse

Tragen Sie jetzt die Tätigkeiten einzeln in die vier Felder ein:

Aufgabengewichtung

1. Wichtig, weil Sie es wollen, weil Sie damit Ihre Vorstellungen verwirklichen 20% der Zeit	2. Für Sie notwendig, obwohl von anderen wichtig gemacht
3. Notwendig als Mittel, um das Wichtige zum Ziel zu führen 80% der Zeit	4. Delegierbar oder kann gleich in den Papierkorb

Zeitmanagement – das Grundprinzip

Resümee:

Wenn Sie sich Ihre Aufgabengewichtung ansehen, wird deutlich, dass der größere Teil der Tätigkeiten zu den notwendigen Aufgaben gehört. Das zeigt erst einmal, dass aus einer Zielvorstellung (einer Entscheidung für ein Projekt, ein Vorhaben etc. ...) sich viele Tätigkeiten mit Notwendigkeit ergeben. Die Notwendigkeit entsteht dadurch, dass das Projekt, das Vorhaben in vielen Schritten realisiert wird und dass diese Schritte einen Großteil Ihrer Zeit in Anspruch nehmen. Den Charakter des Notwendigen haben auch die Anordnungen des Vorgesetzten, Rückfragen der Kunden, Routinebesprechungen, die Lektüre von Fachzeitschriften und Büchern etc.

Für Ihr Zeitmanagement zeigt die Unterscheidung von *wichtig* und *notwendig*, dass Sie das festlegen, was für Sie *wichtig* ist, weil alle *notwendigen* Tätigkeiten sich einerseits aus den wichtigen Tätigkeiten ergeben andererseits aus den Anforderungen, die sich von außen stellen.
Beruhigend dabei ist, dass Sie für Ihre wichtigen Tätigkeiten nur 20% Ihrer Zeit am Tag benötigen. Das erklärt das Pareto-Prinzip.

2.3 Das Pareto Prinzip

Wenn wir uns unserer Berufung bewusst sind und erkannt haben, was auf Grund dieser Berufung und unserer Wertvorstellungen das Wichtige ist, dann brauchen wir nur 20% der täglichen Zeit für die Umsetzung. Das sind für den beruf-

lichen Teil 90 Min und für den privaten Teil ca. 45 Min täglich.
Mit 20% unserer beruflichen und 20 % unserer privaten Zeit sichern wir uns also unsere Zufriedenheit. Wie kommt diese These zustande?

Das Pareto-Prinzip 20:80

Die für die Zeitorganisation entscheidende Erkenntnis besagt, dass 20% der aufgewandten Zeit am Tag genügen, um das Wichtige umzusetzen. Dieses Zahlenverhältnis entdeckte der italienische Volkswirt und Soziologe Vilfredo Pareto (1848–1923) an einem anderen Beispiel. Er führte Anfang des 20. Jahrhunderts Untersuchungen durch und fand heraus, dass 20% der italienischen Familien 80% des italienischen Volksvermögens besaßen. Er stellte dann fest, dass sich das 20:80 Prinzip auch auf andere Bereiche übertragen lässt.

„Innerhalb einer gegebenen Gruppe oder Menge weisen einige Teile einen weitaus größeren Wert auf, als die ihrem relativen größenmäßigen Anteil an der Gesamtmenge in dieser Gruppe entspricht."

Nach den Erkenntnissen Paretos gilt für jeden von uns, ob wir studieren, einen Haushalt führen, ein Sachgebiet bearbeiten, ein Projekt vorantreiben oder eine Leitungsaufgabe übernommen haben: 80% unserer Zeit wird durch scheinbar Nebensächliches aufgefressen. Das ist beim Studenten die Suche nach der relevanten Literatur in den Bibliotheken, bei der Hausarbeit ist es der viele Kleinkram, wie Putzen,

Zeitmanagement – das Grundprinzip

Einkaufen, Kochen, bei einem Projekt sind es die vielen Kleinigkeiten bis hin zu Abrechnungen und Reiseanträgen, die erledigt werden müssen, damit das, worum es im Kern geht, auch verwirklicht werden kann. Wir brauchen nur 20% unserer Zeit, um das Wichtige zu tun, damit wir das umsetzen, womit wir die Richtung an unserem Arbeitsplatz bzw. in unserer privaten Lebenszeit bestimmen. Dieses Verhältnis von 20:80 gilt nicht nur in der Verteilung der Zeit, es lässt sich auch auf unseren Kleiderschrank anwenden. Wir kommen auf ein ähnliches Verhältnis, wenn wir nachschauen, was wir täglich anziehen im Unterschied zu dem, was wir ungetragen wochenlang beziehungsweise monatelang im Kleiderschank hängen lassen. Auch hier gilt für die meisten von uns das Pareto-Prinzip: 20% der Kleidungsstücke tragen wir zu 80% der Zeit.

Dies gilt auch für unsere Zeitungslektüre. Wir müssen mehr lesen als was für uns wichtig ist. Von den Zeitungsseiten sind nur 20% wirklich wichtig für uns, und dennoch müssen wir viel mehr Artikel lesen, wenn wir informiert sein wollen. Es gilt auch hier: 80% unserer Zeitungslektüre sind unwichtig, nur 20% des Gelesenen brauchen wir wirklich. Um das aber herauszufinden, müssen wir eben 100% lesen, nicht der Zeitung, aber der Artikel, die für uns von Bedeutung sind.

In der Regel ist es auch so, dass ein Unternehmen mit 20% seiner Kunden 80% seines Umsatzes macht.

Das Pareto-Prinzip 20:80 ist auf viele Lebensbereiche übertragbar:

20% der Produktionsfehler verursachen 80% des Ausschusses.
20% der Besprechungszeit bewirken 80% der Beschlüsse.

20% der Schreibtischarbeit ermöglichen 80% des Arbeitserfolges.
20% der Zeit auf einer Party ermöglichen 80% der wichtigen Kommunikation
20% des Urlaubes ermöglichen 80% Erholung

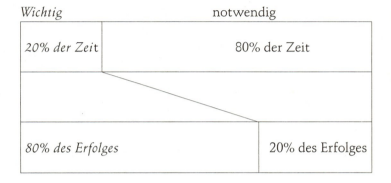

Das *Pareto Prinzip* zeigt, dass unser Erfolg und daraus folgend unsere Zufriedenheit mit 20% der Zeit verwirklicht werden kann. Deshalb ist es von höchster Bedeutung, für die 20% der Zeit auch das für uns wirklich *Wichtige* auszuwählen. Das *Wichtige* hängt davon ab, was mir wichtig ist, das ist das, womit ich meine Berufung, meinen Lebensauftrag umsetze. Das Wichtige kann nicht von außen bestimmt werden. Wir müssen es selbst bestimmen und auch umsetzen, weil wir damit unseren Erfolg betreiben und unsere persönliche Note hervorheben. Das Wichtige hängt eng mit unseren Wertvorstellungen zusammen. Diese Wertvorstellungen ließen uns einen bestimmten Beruf wählen, weil wir mit diesem Beruf unsere Wertvorstellungen umsetzen können.
Deshalb ist Zufriedenheit ein wichtiger Indikator, er signalisiert, ob wir das verwirklichen, was uns *wichtig*, d.h. wertvoll

Zeitmanagement – das Grundprinzip

ist. Dann lassen sich auch die vielen Notwendigkeiten besser aushalten. Sie benötigen *80%* unserer Zeit. Das ist vielleicht verwunderlich, aber sie leiten sich logisch aus unseren wichtigen Entscheidungen ab.

Bei Susanne Grün, wie in jedem anderen Haushalt auch, sind alle Tätigkeiten wie Putzen, Waschen, Spülen, Aufräumen, Fenster putzen etc. ... nur notwendig. Aber natürlich müssen sie gemacht werden. Notwendig ist auch der Einkauf für das gesunde Essen, das Susanne für die Kinder kocht. Wichtig dagegen ist die Überlegung, welche gesunde Biomahlzeit sie den Kindern kochen will und was sie dafür braucht. Diese Überlegung gehört in die wichtige Zeit. In ihre wichtige Zeit gehört auch das Schreiben eines Artikels für die Kunstzeitschrift. Nur notwendig sind das Ausdrucken des Artikels und das Wegbringen zur Post, sowie das Einkaufen der Lebensmittel.

Wir sehen, dass die notwendigen Tätigkeiten oft Folgetätigkeiten sind, die sich aus dem Wichtigen ableiten lassen.

Für Hans König sind 80% der Tätigkeiten in der Praxis reine Routinearbeiten. In seiner 20% wichtigen Zeit muss er sich mit den neuen wissenschaftlichen Erkenntnissen beschäftigen, schwierige Fälle mit anderen durchsprechen, überlegen, welche Fortbildungen er braucht. Als Vater kann er in seinen 20% privater Zeit mit den Kindern Schwimmen gehen oder Fußball spielen, oder er liest etwas vor.

Auch wenn uns das 20:80 Prinzip als sinnvoll erscheint und es erst einmal entlastet, dass wir nur 20% der Zeit jeden Tag für das Wichtige investieren müssen, ist es nicht immer leicht, dieses Wichtige auszumachen. Denn vor der Frage nach dem Wichtigen stehen wir jeden Tag. Immer wenn etwas Neues ansteht, wenn bestimmte Entscheidungen getroffen werden, wenn wir unseren Arbeitstag einteilen, wenn wir den Sonntag gestalten, sind wir gefordert, darüber nachzudenken: Was von dem, was wir tun, ist eigentlich wichtig, was ist nur notwendig, was wird von anderen wichtig gemacht und was könnten wir auch delegieren, weil wir es nicht selbst tun müssen? Es fällt nicht leicht, sofort zu erkennen, was wirklich wichtig ist. Weil sich oft viele Möglichkeiten auftun, wird die Entscheidung nicht einfacher. Aber sie soll ja mit uns übereinstimmen, mit dem, was zu uns passt, was unserem Lebensentwurf entspricht. Manchmal, bei uns wichtigen Dingen, überlegen und prüfen wir genau. Wir horchen in uns hinein, liegen nachts stundenlang wach, reden mit Freunden darüber, bis wir sicher sind, wie wir mit der Aufgabe, der Herausforderung, umgehen wollen. Es scheint, als orientiere sich unsere Entscheidung an bestimmten Kriterien, die in uns schon verankert sind und die uns in unserem Leben, bzw. im Beruf etwas bedeuten. Bei den täglichen Anforderungen brauchen wir nicht ganz so viel Kraft. Aber auch hier braucht es unsere Aufmerksamkeit, das Wichtige für uns herauszufinden.

Was heißt das für Susanne Grün und Herr König?

Susanne ist dem, was ihr persönlich wichtig ist, schon sehr nahe. Sie weiß, wovon ihre Zufriedenheit am Tag abhängt. In der Zeit der Familienphase legt sie großen Wert darauf, dass die Kinder sich gut entwickeln können und investiert dafür auch 20% ihrer

Familienzeit in ernährungsbewusstes Kochen sowie in die Gespräche mit ihren Kindern. Für Susannes eigene Entwicklung bedeutet das Pareto Prinzip, dass sie sich täglich 20% ihrer persönlichen Zeit für das reserviert, was sie in dem künstlerischen Feld für sich weiterentwickeln will.

Für Herrn König ist deutlich geworden, dass er in die Beschäftigung mit allergischen Hauterkrankungen seine Aufmerksamkeit investieren will. Das sind 20% seiner Arbeitszeit. Das kann er durch Gespräche mit Kollegen, durch Lesen von Literatur, durch Fortbildung, durch Forschung umsetzen. Das sind nicht die routinemäßig anfallenden Tätigkeiten, sondern das was er tun muss, um seinem Berufungsauftrag gerecht zu werden. Für die Familie nutzt er 20% der privaten Zeit für Sport und Spiel. Das kann sich mit zunehmendem Alter der Kinder auch noch ändern.

Resümee:

Das Pareto Prinzip entlastet uns, denn es sind nur täglich 20% der Zeit, die wir für das Wichtige brauchen. Wenn es uns gelingt, das Wichtige in unserem Leben zu erkennen, wird Zeitorganisation einfach.
Aber ehe wir uns der Entscheidung für das Wichtige zuwenden, die sich aus unseren Wertvorstellungen herleitet, müssen wir uns noch mit der Vielzahl der Tätigkeiten auseinandersetzen, die der Alltag uns ständig vor die Füße legt.

2.4 Die vielen Notwendigkeiten

Wenn wir jetzt wissen, dass nur 20% der Zeit ausreichen um unseren Erfolg zu betreiben, was machen wir mit all den vielen täglich auf uns einstürzenden Aufgaben? Es gibt eigentlich immer mehr zu tun, als zu schaffen ist. Viele Kleinigkeiten am Tag halten uns von dem Eigentlichen, was wir tun wollen, oft ab. Das führt zu dem Gefühl, immer hinterher zu hecheln.

Wir leeren den Briefkasten, öffnen die Post und schauen nach, ob etwas Wichtiges dabei ist und müssen entscheiden, was wir damit tun. Wir öffnen unsere E-Mails und finden, obwohl die Spams schon ausgefiltert sind, dennoch Nachrichten, die wir einfach löschen können. Wir sehen in unserer Ablage nach, dass noch Rechnungen offen sind, die wir überweisen müssen, und dass die Werbung von Versandhändlern in den Papierkorb kann.

Im Haushalt ist heute die Wäsche fällig. Wir ordnen sie nach Bunt- und Kochwäsche und lassen drei Maschinen am Vormittag laufen, hängen die Wäsche auf oder stecken sie in den Trockner und gehen dann einkaufen. Bis Mittag muss gekocht sein, es wird abgespült und die Küche sauber gemacht. Es werden die Hausaufgaben der Kinder kontrolliert und die Wäsche gebügelt. So gehen die Tage manchmal einfach mit notwendigen Arbeiten dahin. Alle diese Arbeiten sind nicht zu übergehen, damit unser Leben funktioniert.

Auch im Büro oder im Arbeitsbereich gibt es solche Tage, wo uns nur der „Kleinkram" anstarrt, der erledigt sein will. Da gibt es noch 10 Rechnungen zu überweisen, ein Protokoll zu schreiben, den Schreibtisch von der vielen Post zu befreien, einiges zu lesen, Post wegzubringen, den Kollegen aufzumuntern, der aus einem verregneten Urlaub kommt, der Sekretärin zuzuhören, wie schwer es ihr fällt, mit dem neuen Computerprogramm zurecht zu kommen, eine Sitzung, bei der nicht wirklich etwas Wichtiges besprochen wird.

Alle diese Aufgaben haben wir zu erledigen. Wir können sie nicht *nicht* tun. Dann würden wir im Chaos ertrinken. Aber das wertorientierte Zeitmanagement gibt uns Orientierung. Wir haben 80% unserer Zeit am Tag für das Notwendige und können dafür 6 Stunden investieren. Was sich heute nicht erledigen lässt, kann auch noch morgen gemacht werden.
Das Problem, das sich stellt, ist aber weitreichender, dass wir nämlich statt 80%, 90% oder sogar 100% unserer Zeit in Notwendiges stecken und so die 20% Zeit für das Wichtige „weggeschluckt" wird.
Viele unserer Tage verlaufen so oder ähnlich, und wir fragen uns dann am Abend, was wir eigentlich Sinnvolles gemacht haben. Oft stellen wir fest, dass wir zwar viel gearbeitet haben, aber sich das Gefühl nicht einstellt, unser Tun hätte sich wirklich gelohnt, hätte Sinn gemacht. Wir erleben, dass wir uns ausgelaugt, leer, stumpf und wenig lebendig fühlen. Am Abend haben wir dann das Gefühl, noch etwas für uns tun zu müssen, was uns eine bessere Laune beschert, damit wir zufriedener sein können. Selten reicht die Zeit, um noch eine Runde zu joggen, für einen Besuch im Kino oder für ein gutes Gespräch mit einem vertrauten Menschen. Wenn auch das alles nicht möglich ist, dann muss manchmal der Fernseher herhalten, der aber meist mit seinen Programmen unsere Stimmung auch nicht entscheidend verändern kann.

Wenn wir über Tage und Wochen eine solche Phase durchleben, spüren wir wachsende Ungeduld und Unzufriedenheit. Meist ist dieses Gefühl so diffus, dass wir den Grund für unsere schlechte Laune nicht direkt ausmachen können. Manchmal beschleicht uns dann sogar der Gedanke, dass wir undankbar sind, dass wir eigentlich gar keinen Grund haben, unzufrieden zu sein, weil es uns eigentlich an nichts fehlt. Wir haben genug Arbeit, werden satt, haben nette Kinder und können in Urlaub fahren. Also eigentlich kein Grund unzufrieden zu sein. Oder doch?

Das Pareto-Prinzip gibt uns eine Antwort, die uns zugleich ermöglicht, mit geringem Aufwand von der Unzufriedenheit wegzukommen. Denn die 20% Zeit für unser Wichtiges würde uns davor bewahren, in eine Unzufriedenheitsspirale zu geraten. Unweigerlich führt uns nämlich der Alltag mit seinen Notwendigkeiten in eine schlechte Stimmung, wenn wir unseren Lebensauftrag vernachlässigen. Da spielt es keine Rolle ob wir jung oder alt sind. Unser Lebensauftrag endet nicht mit der Pensionierung oder wenn die Kinder die Ausbildung abgeschlossen haben. Er verändert sich im Laufe der Zeit und entwickelt sich mit den Anforderungen weiter. Unser Lebensauftrag gilt selbst bis zu unserer Sterbestunde.

Das Wichtige im häuslichen Umfeld

Zeitmanagement scheint eher etwas für beruflich Überbeanspruchte zu sein. Das folgende Beispiel zeigt, dass seine Prinzipien auch für Menschen notwendig sind, die auf den ersten Blick gar nicht dafür in Frage kommen.

Zeitmanagement – das Grundprinzip

Frau Meier ist 48 Jahre alt und mit einem Automechaniker verheiratet, der eine recht sichere Arbeitsstelle hat. Sie hat 2 Söhne im Alter von 13 und 15 Jahren. Beide gehen noch zur Realschule und kommen oft erst gegen 16.00 nach Hause. Frau Meier hat Schneiderin gelernt, aber seit ihrer Eheschließung diesen Beruf nicht mehr ausgeübt. Sie hat sich ihrer Familie verschrieben und versteht sich als diejenige, die den logistischen Hintergrund für ihre drei Männer sichert. Sie hat sich, als die Kinder klein waren, sehr um sie gekümmert. Sie waren ihr ein und alles, und sie ist stolz darauf, wie gut sie geraten sind. Jetzt kommen sie allerdings in ein Alter, indem ihr Einfluss auf ihre Jungen abnimmt. Der Freundeskreis ist jetzt wichtiger geworden und die Jungs sind nur noch wenige Stunden am Tag zu Hause, dann sieht sie auch nicht viel von ihnen, weil sie dann vor dem Computer hocken. Ihr Mann kommt gegen 18.00 nach Hause, möchte essen und fernsehen. Tagsüber sorgt sie dafür, dass der Haushalt stimmt, alles sauber ist, jeder seine Wäsche gebügelt im Schrank hat und ein gutes Essen auf dem Tisch steht. Damit hat sie auch genug zu tun. In letzter Zeit merkt sie allerdings, dass sie ziemlich unzufrieden wird. Ihre Laune wird auch dadurch beeinträchtig, dass die Jungs nach dem Essen, wovon sie nur picken, sich noch schnell einen Döner um die Ecke beim Türken holen. Wenn sie dann selbst nach dem Essen den Tisch alleine abdeckt und ihr Mann sich vor die „Glotze" setzt, wird die Laune auch nicht besser. Sie macht sich krumm für die Familie, alle anderen gehen ihren eigenen Interessen nach. Ihre Tätigkeiten werden als selbstverständlich entgegengenommen. Das reicht ihr irgendwie nicht mehr. Sie hat in der Familienphase nichts Eigenes entwickelt und fühlt sich jetzt sehr abhängig davon, ob ihr Mann etwas mit ihr unternimmt. Er ist aber abends müde. So kann sie nur auf das Wochenende hoffen. Am Wochenende schlafen die Kinder lang,

Die vielen Notwendigkeiten

weil sie samstags meist ausgehen. Dann ist der halbe Sonntag schon weg, bevor die Familie gefrühstückt hat. Sie steht immer alleine in der Küche, weil sie auch versäumt hat, ihre Jungs zur Hausarbeit heran zu ziehen. Ihr Mann sieht das sowieso nicht ein, dass er mithelfen soll, er ist 8 Stunden am Tag in der Arbeit. Der Sonntag ist dann auch fast immer damit ausgefüllt zu kochen, die Küche sauber zu machen. Ab 15 Uhr läuft oft schon der Fernseher. Obwohl sie immer wieder soviel Hoffnung in die Sonntage setzt, ist sie froh, wenn dann am Montag alle wieder aus dem Haus sind und sie in die Stadt zum Shoppen gehen kann. Das ist etwas, was sie gerne macht, wobei sie sich abreagieren und vom Frust entlasen kann, der sich angestaut hat. Oft kauft sie sich dann etwas Neues zum Anziehen. Das hilft, die nächste Woche zu überstehen. Jetzt kann sie nur noch hoffen, dass bald der Urlaub anfängt und sie mal aus ihrem Alltagstrott rauskommt.

Frau Meier ist kein Einzelfall. Die Gefahr für Hausfrauen und Mütter ist groß, dass sie sich im Laufe ihres Lebens durch ihren Altruismus selbst vergessen. Sie opfern sich für Kinder und Mann auf. Wenn die Kinder groß sind, scheinen sie vor einem Nichts zu stehen. Mit 48 Jahren noch einmal etwas Neues zu entwickeln, ist noch möglich, aber viel schwieriger, als sich in jungen Jahren etwas Persönliches im Alltag zu sichern. Zeitmanagement, in dem es um die Umsetzung meiner Berufung geht, ist auch für die Hausfrau, den Hausmann eine wichtige Hilfe. Sie müssen nicht kapitulieren und sich selbst aufgeben. Auch sie haben ein Recht auf persönliche Entwicklung. Für die Fortführung ihrer Berufsqualifikation stehen ihnen ebenso 20% ihrer Zeit zur Verfügung. Oder sie hat die Begabung für ein soziales Engagement, das ihr eine erfüllende Aufgabe außerhalb der Familie ermöglicht und ihre Kompetenzen dort gefordert werden.

Resümee:

Unser Alltag wird von den vielen Notwendigkeiten bestimmt. Für diese geht die meiste Zeit „drauf". Wir können uns dem Notwendigen nicht entziehen. Es droht allerdings, unser Leben nicht nur zu 80%, sondern zu 100% zu bestimmen. Wenn wir es so weit kommen lassen, dann spüren wir eine dauernde Unzufriedenheit. Diese hat meist den Grund darin, dass wir unsere Lebensberufung hinten an stellen. Erst wenn all das Notwendige erledigt ist, fühlen wir uns berechtigt, das angehen zu dürfen, was für uns persönlich wichtig ist. Damit missachten wir aber uns selbst und das, was wir zu tun haben. Nur wir selbst können unser Leben leben, wer denn sonst?

Wir wissen jetzt, dass wir 20% der täglichen Zeit in das investieren müssen, was uns im Leben wichtig ist, was wir auf Grund unserer Begabungen und unserer Berufung tun müssen, denn niemand kann uns unsere Zufriedenheit abnehmen oder einspielen.

Weil es im Alltag nicht einfach ist, den Roten Faden für unser Leben im Blick zu behalten, ist es sinnvoll, die eigene Berufung täglich in den Blick zu nehmen, damit sie uns als Richtschnur durch den Tag leitet und uns nicht in den vielen Notwendigkeiten untergehen lässt. Das wird im folgenden Abschnitt deutlicher beschrieben.

3.0 Die eigene Lebensaufgabe erkennen und verfolgen

Wenn das Pareto-Prinzip und die Aufgabenanalyse uns Orientierung über unsere wichtigen wie für die notwendigen Aufgaben geben, ist das erst einmal eine Entlastung. Dennoch bleibt die Frage, in welchem Zusammenhang steht meine Zeitorganisation zu meiner Berufung und ist Berufung nicht etwas was nur für Priester gilt? Wie kann ich erkennen, was meine Lebensaufgabe ist und was sich für mich als das Wichtige für den heutigen Tag daraus ableitet?

3.1 Berufungen gewinnen ihre Form

Meine Lebensberufung liegt nicht einfach auf der Hand. Meist ist es erst eine Ahnung, eine Vorliebe, ein Reiz, eine Sehnsucht. Ich spüre, dass es etwas gibt, was mich interessiert, wofür mein Herz schlägt. Dieses Spüren kennen wir, wenn uns etwas besonders anspricht. Vielleicht erinnern wir uns noch an die Zeit, in der wir uns innerlich mit unserer eigenen Lebensperspektive, mit unserer Zukunft konfrontiert sahen. Wir haben eine Entscheidung getroffen zu studieren oder in eine Lehre zu gehen. Meist liegt eine tiefer liegende Sehnsucht unter dieser Entscheidung. Was hat mich da gelockt? Welches Motiv hat meine Entscheidung gesteuert?
Wenn wir auf die großen Berufungen wie z.B. bei Mozart schauen, dann ist da etwas, was von innen nach außen will. Es ist eine Gabe im Menschen, die sich in etwas Konkretem verwirklichen will. Da gibt es Kraft und Energie, mit die-

ser Gabe etwas zu tun. Trotz all dieser Kraft sind wir aber darauf angewiesen, dass die Umgebung sie erkennt, zulässt und vielleicht noch mehr, dass sie die Begabung sogar unterstützt. Bei Mozart war es der Vater, der sie erkannt und gefördert hat, der dafür gesorgt hat, dass der kleine Amadeus am Ball blieb. Es war viel harte Arbeit für den kleinen Jungen, aber auch Gnade, seine Berufung so deutlich spüren und ihr Ausdruck verleihen zu können.

So eindeutig können wir „weniger Hochbegabte" das von uns nicht immer sagen. Da gibt es viele Vorlieben in uns, oft auch nur mittelmäßige, denen wir nicht so richtig trauen. Es fällt dann nicht so leicht, sich auf eines festzulegen. Da sind wir auch darauf angewiesen, dass andere in unserem Umfeld besser erkennen als wir selbst, wo unsere Begabungen und unsere Berufung liegen könnten. Sie trauen uns etwas zu, was wir uns selbst vielleicht nicht zutrauen würden. Deshalb hat der Blick der Eltern, Lehrer, Ausbilder und Vorgesetzten auf die Gaben eines Heranwachsenden oder Mitarbeiters ein besonderes Gewicht. Sie können früh entdecken, was das Kind bewegt, wie es die Welt wahrnimmt, was ihm besonders wichtig wird. So können sie es in seiner ganz eigenen Berufungsgeschichte fördern, unterstützen und ihm das Gefühl vermitteln, dass es mit seinen Gaben einzigartig ist. Je früher wir erkennen können, was das Eigene ist, desto deutlicher können wir unseren Weg gehen, desto freier können wir uns fühlen, denn es ist unser eigener Lebensweg.

Irgendwann haben wir unsere Lebensrichtung gewählt und uns damit in unsere Freiheit und Verantwortung gesetzt. Denn spätestens jetzt geht es um die Umsetzung unserer Berufung, unserer Lebensaufgabe. Niemand kann sie für uns leben. Wir können sie auch nicht delegieren. Wenn wir selbst unsere Berufung nicht aktiv betreiben, dann werden wir von anderen „betrieben" oder lassen uns treiben.

Mit der Entscheidung für einen Beruf, für Familie, für eine soziale Aufgabe in unserer Gesellschaft gehen wir unseren Berufungsweg, ob uns das bewusst ist oder nicht. Dieser verläuft nicht statisch und auch nicht immer gradlinig, sondern unterliegt den Herausforderungen und Ereignissen, mit denen wir auf unserem Lebensweg konfrontiert werden. Gerade so entwickeln wir uns weiter. Wenn wir der eigenen Berufung folgen, folgen wird dem Ruf, unseren Gaben eine Kontur nach außen zu verleihen, dass man sie spüren, sehen, hören, lesen, riechen kann. Wir setzen damit eine ganz einzigartige „Duftnote", an der man uns erkennen wird. Das ist kein egoistischer Narzissmus, sondern wir ermöglichen erst mit der Umsetzung unserer eigenen Berufung auch anderen, ihre Berufung zu leben. Bei Mozart wird das folgendermaßen deutlich: Die Musiker in den Orchestern und die Dirigenten können ihre Berufung nur umsetzen, wenn Komponisten komponieren. Auch in unserem Umfeld sind andere darauf angewiesen, dass wir unsere Berufung leben, damit sie ihre auch entwickeln können. Auch wir selbst sind abhängig davon, dass andere ihre Berufung leben, damit wir unsere leben können.

Resümee:

Es ist mehr ein Spüren als ein Denkergebnis, wie wir unsere Lebensberufung herausfinden. Sie speist sich von unseren Begabungen. Dann gibt es noch etwas, das uns reizt, unser

Interesse nicht nur kurzzeitig wach hält. Meist liegt das Gespür für die eigene Lebensaufgabe der Entscheidung für eine Ausbildung zugrunde.

Eigentlich könnte man jetzt sagen: Das ist ja genial und sehr motivierend und dennoch spüren wir hin und wieder auch Widerstände. Unser Berufungsweg verläuft nicht einfach geradeaus und auf ebener Strecke. Manchmal lehnen wir uns auch gegen unsere Berufung auf. Was passiert da eigentlich?

3.2 Berufung – die spirituelle Dimension

Meine Lebensaufgabe leitet sich nicht einfach logisch aus meinen Begabungen ab. Ein Berufseignungstest oder vielleicht später eine Analyse meines Genoms bilden nicht schon den Nährboden meiner Berufung, auf dem sich meine Begabungen entfalten können. Es ist mehr, was sich schon in den Wortbedeutungen zeigt. Berufung als Profession im Englischen und Französischen hat mit Engagement zu tun. In dem Wort steckt als Wurzel auch Bekenntnis, wie im Titel „Professor". Beruf heißt im Deutschen, dass jemand Fachmann ist, sich etwas angeeignet hat. Er, sie können etwas, was andere in Anspruch nehmen. Daraus ist dann die Bezeichnung „professionell" geworden. Der Beruf prägt die Person, ob Schreiner, Arzt oder Lehrer. Ich wachse mit dem, was ich kann, zusammen. Mit jedem Beruf sind bestimmte Tugenden verbunden, die die Person formen.

Beruf heißt auch, dass ich mich jeden Tag mit meinem Metier beschäftige. Das ist schon allein deshalb gegeben, weil andere meine Professionalität in einem bestimmten Fachgebiet anfordern. So steht der Bäcker auch in der Nacht zum

Sonntag in der Backstube, weil die Menschen für ihr Sonntagsfrühstück Brötchen kaufen.

In der biblischen Tradition bekommt das Wort Beruf einen weiteren Akzent durch den Bedeutungsanteil „Ruf". Die Menschen, deren Leben im Alten und Neuen Testament beschrieben wird, erhalten einen Auftrag und einen Ruf. Noah soll die Arche bauen, Abraham soll aus dem heutigen Irak aufbrechen und wird nach Palästina geleitet. Moses erhält in der Wüste den Auftrag, das Volk aus Ägypten herauszuführen. Samuel hört als kleiner Junge nachts eine Stimme. Der Hohepriester Eli, in dessen Diensten er steht, erkennt, dass der Junge nicht träumt, sondern von Gott gerufen wird. Samuel beruft im Auftrag Gottes Saul, und als dieser scheitert, David zum König. Bereits im 1. Kapitel des Markusevangeliums beruft Jesus die ersten Jünger. Für die Priester und Ordensleute gilt in der christlichen Tradition, dass sie nicht von der Kirche ausgewählt, sondern von Gott gerufen sind. Die Kirche prüft nur, ob die Berufung echt ist.
Über viele Generationen galt in der katholischen Tradition, dass die Ordensleute und Priester eine besondere Berufung haben, die anderen, die Laien, jedoch nicht. Sie schienen nicht im gleichen Sinne von Gott mit einer Aufgabe betraut worden zu sein wie die Mitglieder „des geistlichen Standes". Das II. Vatikanische Konzil hat den Laien eine eigene Stellung zuerkannt und sie an dem missionarischen Auftrag der Kirche beteiligt. In dieser Entwicklung wird hier nicht nur die Berufung darin gesehen, dass jeder Mensch für das Leben im Angesicht Gottes berufen ist, sondern eine einmalige Aufgabe, seine Lebensaufgabe übertragen bekommen hat. Für Eltern besteht die Berufung in ihren Kindern. Die

Die eigene Lebensaufgabe erkennen und verfolgen

Geburt des Kindes beinhaltet den Auftrag an die Eltern, die Kinder anzunehmen, als Geschenk und als Aufgabe. Ähnliches gilt für den gelernten und gewählten Beruf. Am Künstler wird das besonders deutlich. Wer den Ruf erfährt, Bilder zu malen, zu komponieren, zu schreiben, spürt diesen Ruf von innen. Die Umwelt kann diesen Auftrag, schöpferisch zu sein, nicht geben. Sie kann ihn nur durch Ausbildungsgänge fördern und ihm Raum geben, indem Bilder ausgestellt, Romane gedruckt, Drehbücher verfilmt werden, Ensembles die Komposition spielen.

Die Berufung zur Elternschaft, zum Arztberuf, zu einem handwerklichen Metier, zu einem Ordensberuf oder zur Malerei macht den Berufenen einzigartig, weil er, weil sie einer inneren Stimme folgen. Sich mit den inneren Stimmen zu beschäftigen, Kreativität zuzulassen, dem Besonderen in sich Raum zu geben, nicht in der Routine aufzugehen, sondern sich täglich des Besonderen bewusst zu sein, das bezeichnen wir mit dem Wort Spiritualität. Das Wort Spiritus, Geist, ist die Wurzel des Wortes, die durch die Bezeichnung Brenn-Spiritus im deutschen Sprachgebrauch verdeckt ist. Die Traditionen religiöser Spiritualität haben erkannt, dass dem Morgen und dem Abend ein besonderer Stellenwert zukommt. Am Morgen stimmt sich der Komponist auf Musik, der Beter auf die religiöse Lebenswelt, die Eltern auf ihre Kinder, der Handwerker auf sein heutiges Projekt ein. Der Abend dient der Rückschau, was habe ich Neues entdeckt, was ist mir an meinen Kindern aufgefallen, wo kann ich mich in meiner Profession noch entwickeln?

Unterscheidung der Geister im Blick auf die eigene Berufung

In der Spiritualität geht es um das Geistige. Dieses liegt aber nie offen und klar vor mir. In meinem Inneren meldet sich nicht nur der Ruf meiner Berufung, sondern auch andere Stimmen.
Ich kann mir natürlich auch selbst „auf den Leim gehen" und meinen Egoismus zu einer heiligen Sache erklären. Meine eigene Schönheit, meine eigene Gesundheit, mein kulturelles Interesse, meine Sexualität können zum Inhalt meines Lebens werden. Bin ich allein Thema meiner Berufung, fehlt der Bezug zu anderen, die eine Berufung immer beinhaltet.
Gefährlicher ist ein Irrtum, der mich zu Gewalt verführt, ob für eine politische oder religiöse Idee. Abgemildert gibt es die fehlgeleitete Vorstellung, für meine Firma sei alles gut, auch wenn es mit Betrug oder Bestechung erzwungen werden muss.

Subtiler als die hier vorgestellten Fehleinschätzungen meiner Berufung sind die Stimmen, die mich von meiner tatsächlichen Berufung abbringen wollen. Es kann die Angst sein, ob mein Werk gelingt. Werden die Bilder, die ich male, überhaupt anderen Menschen gefallen? Hören meine Kinder auf die wichtigen Hinweise, die ich ihnen mit auf den Weg gebe? Bekomme ich als Handwerker den Auftrag heute, predige ich so, dass von der Botschaft etwas rüberkommt oder langweile ich nur die Gottesdienstbesucher?
Die Angst kann ich überwinden, wenn ich mein Tagwerk anpacke, auf die Herausforderungen zugehe.

Gefährlicher ist die Stimme, die mir einflüstert: „Es lohnt sich doch nicht, dass du dich so anstrengst. Für deine Mühe wirst du sowieso keine Anerkennung finden. Mach das Notwendige, übertreibe nicht und lass den „lieben Gott einen guten Mann sein." Nun ist Gott nicht ein guter Mann, sondern hat mir meine Talente geschenkt, damit ich daraus etwas mache. Wenn ich dann aber etwas daraus mache, kann ich nicht davon ausgehen, dass meine Mühen gleich belohnt werden. Ich stoße vermutlich bei anderen sogar auf Unverständnis, vielleicht fühlen sie sich provoziert, weil ich so stringent meiner Berufung folge. Denn derjenige, der sich seiner Berufung verpflichtet fühlt, hat eine besondere Ausstrahlung, ist weniger abhängig von den Zeitströmungen, den Richtungen, die andere gehen. Er folgt seinem Roten Faden. Dazu braucht er Durchhaltevermögen, denn der Berufung zu folgen heißt auch, sich zu disziplinieren.

Am Ende, wenn mein sechzigster oder siebzigster Geburtstag gefeiert wird, ich zufrieden auf meine Kinder schauen kann, meine Bücher gedruckt und erschienen sind, ich zu einem florierenden Unternehmen beigetragen, eine gute Idee umgesetzt habe, von Kollegen dafür gefeiert werde, was ich Besonderes geleistet habe, gegen den Widerstand anderer, dann kann ich beruhigt auf mein Leben schauen. Dann haben sich die extra Mühen gelohnt. Das bisschen mehr Anstrengung, das nötig war, um der eigenen Berufung zu folgen, zeigt seinen Erfolg.
Dazwischen liegt aber viel Alltag, mit seinen vielen kleinen Widerhaken, die mich hindern, meiner Berufung zu folgen. Warum lege ich so viel Wert auf gesunde Ernährung meiner Kinder, wenn der Big Mac ihnen doch viel besser schmeckt

Berufung – die spirituelle Dimension

und die Klassenkameraden gleich anstelle eines Frühstücks von ihren Eltern das Geld für McDonalds bekommen. Auch wenn ich weiß, dass ein gutes Frühstück zum Lernerfolg beiträgt, meine Kinder werden mir das nicht zugeben, sondern erst in 10 oder 20 Jahren anerkennend auf die gesunde Ernährung zu sprechen kommen. Berufung heißt immer, sich gegen Vorurteile, fehlende Anerkennung, Widerstände und Obstruktion zu stemmen. Wenn ich den Einflüsterungen der inneren und äußeren Stimmen in mir und um mich herum nachgebe, die mich von der Verwirklichung meiner Berufung abhalten wollen, bin ich den Widerständen meiner Umwelt wehrlos ausgeliefert. Meine Berufung geht verloren. Ich werde dann von außen gesteuert, von der Werbung, dem Konsum, von den vielen Dingen, die nicht so viel Anstrengung kosten wie die Konzentration auf meine Berufung. Die Werbung betreibt das aktiv, sie will mich dort hinlenken, denn ich soll nicht selbst innovativ sein, sondern Innovatives kaufen.

In der Tradition der Bibel hat Berufung in der Regel mit dem Aufbruch aus bisherigen Verhältnissen zu tun. Das ist deshalb oft notwendig, weil sich eine Berufung in dem bisherigen Umfeld nicht entfalten kann. Abraham wäre nicht zu dem Glauben an den einen Gott gelangt, wenn er in dem Umfeld der Vielgötterei seiner Familie geblieben wäre. Für viele heißt Berufung daher, anderswo neu anzufangen, damit das Bisherige mich nicht in seinen Fängen festhält. Wer aufbricht, verlässt andere Menschen, er bereitet Schmerzen. Auch hier meldet sich wieder eine Stimme: Kann ich meine Berufung anderen überhaupt zumuten? Und kann ich sie mir selbst überhaupt antun? Mit diesen Einreden muss ich jeden Tag fertig werden und manchmal schaffen sie es, mich von meinem Roten Faden wegzuführen.

Resümee:

Meine Lebensaufgabe wächst aus meinem Inneren, jedoch nicht ungestört. Denn der Ruf, der in der Berufung liegt, vermischt sich mit anderen Stimmen. Ich muss jeden Tag meine Berufung anschauen, damit ich den Roten Faden meines Lebens in der Hand behalte. Das ist auch deshalb unerlässlich, weil meine Berufung mir eine unverwechselbare Kontur gibt, die nicht einfach auf Zustimmung stößt. Ich muss mit vielen Widerständen rechnen. Berufung ist noch durch ein Weiteres gekennzeichnet:

In jeder Berufung liegt eine innere Unausweichlichkeit. Sie will mich ganz, nicht nur nebenbei, neben anderem, sondern zentral, mit all meinen Kräften und Emotionen. Ich vernehme den Ruf zwar in meinem Inneren, aber es ist nicht meine eigene Stimme. Daraus erwächst ein noch schwierigerer Einwand: Gebe ich nicht meine Freiheit auf, wenn ich dem Ruf folge?

3.3 Freiheit und Berufung

Meine Berufung will mich ganz. Wie kann das mit unserer gängigen Vorstellung von Freiheit übereingehen?
Wenn wir spontan sagen sollen, was Freiheit ist, dann heißt das für uns meist, aus vielen Möglichkeiten eine auszuwählen und diese zu verwirklichen. Nicht immer bin ich frei, aber jetzt habe ich „frei". Ich kann z.B. ins Fitness-Studio gehen, mich mit jemandem treffen, mir endlich die Musik herunterladen, die ich schon lange hören wollte. Wenn ich genug Geld

habe, kann ich eine Reise zu den Malediven oder anderswohin buchen und dorthin fliegen.

Manches kann ich nicht, weil ich z.B. mit Fieber im Bett liege oder erst das Geld verdienen muss. Anders fühlt sich meine Freiheit an, wenn ich an einem Text arbeite, vielleicht komponiere, einen Fachartikel oder ein Buch lese, um in meinem Fachgebiet auf der Höhe der Zeit zu bleiben. Wenn ich nicht lese, bin ich bald kein Fachmann mehr, wenn ich nicht schreibe oder komponiere, gibt es den Text, das Musikstück eben nicht. Ähnlich gestrickt ist ein Engagement in einem Verein, für eine soziale Initiative, für eine politische Partei. Von außen kann mich niemand zwingen, aber innerlich „muss" ich.

Eine Aufgabe will mein Leben bestimmen

Wenn ich mich entschließe, aus dem Stand nach Hawaii zu fliegen oder mir eine Oper anzuhören, dann hat das keine weiteren Folgen, ob ich fliege oder hier bleibe. Anders bei den Aufgabenstellungen, die von innen kommen. Wenn ich jetzt nicht die Zeit für den Fachartikel nutze, dann kommt sie nicht wieder, denn übermorgen liegt schon die nächste Ausgabe der Fachzeitschrift auf dem Tisch. Wenn ich mich jetzt nicht an den Text setze oder mit dem Komponieren weiter komme, komme ich aus dem Tritt. Morgen fällt es mir dann noch schwerer, mich an den Schreibtisch, ans Klavier zu setzen. Von innen gibt es etwas, was mich an eine Aufgabe bindet. Diese Aufgabe verbietet mir nicht, in die Oper zu gehen oder in Hawaii Urlaub zu machen, aber sie verlangt, Vorrang zu haben. Die Aufgabe will bestimmend sein und nicht auf

Die eigene Lebensaufgabe erkennen und verfolgen

die Termine verschoben werden, wo ich gerade nicht im Urlaub bin, mich nicht spontan aufs Fahrrad schwinge oder an einem kulturellen Ereignis teilnehme.

Diese Aufgabe, die mich fordert, ist nicht mit einem Hobby zu vergleichen. Ein Hobby mache ich auch aus eigenem Antrieb, ich nutze es als Ausgleich für die vielen Verpflichtungen, die ich zu erfüllen habe. Wenn ich in meinem Hobby nicht nur Ausgleich suche, sondern etwas erreichen will, muss ich mich ihm aber auch intensiv widmen. Dann appelliert das Hobby auch an meine Verantwortung z.B. das Training für die Jugendmannschaft zu übernehmen oder ein Buch zu schreiben. Das ist dann mehr als ein Hobby. Ich kann nicht einfach mein Trainingsamt aufgeben, ohne zumindest für einen Nachfolger gesorgt zu haben.

Die Aufgabe, die an meine Verantwortung appelliert, beansprucht mich. Oft empfinde ich eine solche Aufgabe daher als Last, die ich gerne abschütteln würde. Ich könnte so schön im Café sitzen, die Zeitung lesen, muss aber am PC sitzen und schreiben. Ich bin eingeengt, weil ich nicht einfach über meine Zeit verfügen kann, fühle mich aber doch anders, als wenn mich jemand von außen gezwungen hätte. Auch wenn es ein Verpflichtungsgefühl gibt, spüre ich, dass ich meine Lebensaufgabe freiwillig übernommen habe. Wie spielt meine Freiheit in meine Lebensaufgabe hinein? Bin ich frei, wenn ich mich um meine Familie kümmere, einen Fachartikel lese oder einen Text ausarbeite? Es gibt etwas Forderndes, das sich an meine Person richtet. Ich könnte durchaus auch Nein sagen. Die Welt geht nicht unter, wenn ich den Fachartikel nicht gelesen, den Text nicht geschrieben, das Musikstück nicht komponiert hätte. Es gibt ja Mozart und viele andere. Die Welt scheint nicht auf mich gewartet zu haben.

Freiheit und Selbstverwirklichung

Es ist ein Unterschied, ob ich auf die Seychellen fliege oder an einem wissenschaftlichen Kongress teilnehme. Ich muss zwar Urlaub machen, aber nicht auf den Seychellen. Anders bei dem wissenschaftlichen Kongress. Fahre ich nicht dorthin, treffe ich andere Fachleute nicht, bekomme ich nicht mit, wohin sich mein Fachgebiet entwickelt. Ich bin zu beidem frei, Urlaub auf den Seychellen oder Kongress in Montreal, aber die Folgen für meine Freiheit sind jeweils anders. Ich kann mein Urlaubsziel frei wählen, aber es ist gleichgültig, wohin ich fliege oder fahre. Ich kann auch frei wählen, den Kongress zu besuchen. Besuche ich ihn aber nicht, verliere ich an Kompetenz und bin als Fachmann nicht mehr so gefragt. Nur wenn ich täglich an Texten arbeite, werde ich Schriftsteller, nur wenn ich mich täglich mit Musik beschäftige, kann ich mich zum Komponisten entwickeln. Nur wenn ich mich möglichst täglich durch Fachartikel, Kongressbesuche und Behandlung schwieriger Krankheitsbilder mit meinem Fachgebiet als Arzt beschäftige, werde ich meiner Berufung gerecht und kann tatsächlich anderen Menschen helfen. Erst wenn ich meiner inneren Stimme folge, verwirkliche ich meinen Lebensauftrag.

Aber ist Freiheit nicht doch die Möglichkeit, es auch nicht zu tun, mich nicht mit schwierigen Krankheitsbildern auseinanderzusetzen, nicht zu schreiben, nicht zu komponieren? Ich könnte ja auch Leistungssportler, Fachjurist, Maler werden. Aber das „ich könnte auch anders" ist nicht Berufung. Würde ich statt Fachmann für Allergien Fachjurist für Mietrecht, würde ich nicht die Energie und das Engagement aufbringen, die das Eingehen auf den Ruf meiner Berufung freisetzt. Berufung heißt, den Ruf zu hören, die eigenen Gaben zu erkennen, die von etwas Größerem gewollt sind und die nur ich in meinem Lebensauftrag umsetzen kann. Wenn aber der Ruf von etwas Größerem, anderen kommt und nicht meine eigene Stimme ist, bin ich dann noch frei, wenn ich ihr folge? Ich bin frei ihr zu folgen. Folge ich der Stimme, wird etwas Besonderes, ja Einmaliges aus mir. Folge ich nicht, bleibt mein Leben in gewissem Sinn beliebig, so als hätte ich nicht auf den Seychellen, sondern auf Hawaii Urlaub gemacht.

Einmaligkeit und Freiheit

Das Beispiel der Urlaubsziele führt einen Schritt weiter. Als Tourist kann ich unter verschiedenen Zielen auswählen. Damit ich aber auf den Seychellen Urlaub machen kann, muss es mehr Menschen als mich geben, die dieses Urlaubsziel buchen. Denn sonst würde kein Flugzeug abheben, mich dorthin zu bringen. Ähnlich bei den Handys oder Autos. Wenn es nicht viele andere gibt, die das besondere Handy dieser Marke kaufen, würden sie nicht gebaut. Die Freiheit, die mir die Tourismus- oder Handyindustrie verspricht, ist aber nur eine Auswahlfreiheit. Zwar kann ich nicht alle Handys ausprobieren, nicht jedes Urlaubsziel anfliegen, aber ich bleibe trotz der großen Vielfalt immer einer von vielen, der dorthin fliegt oder der dieses Gerät kauft. Anders ist die Berufung gelagert. Sie gilt mir, nur mir. Am Künstler wird es besonders deutlich. Niemand anderes konnte die Musik komponieren, die täglich von Mozart in den Konzertsälen erklingt. Folge ich meiner Berufung nicht, gibt es keinen anderen, der an

Freiheit und Berufung

meiner Stelle das tun würde. Deutlich wird es auch an der Elternschaft. Es gibt nur einen Vater und eine Mutter. Auch die Kinder, die sie in die Welt setzen, gibt es nicht noch einmal, sie sind einzigartig.

Warum muss aber dann die Berufung von anderswoher kommen, auch wenn ich sie in meinem Inneren höre? Es hängt wohl mit der Freiheit zusammen. Auch meine Freiheit habe ich nicht von mir selbst, ich finde mich in meiner Freiheit vor und entdecke sie meist erst im Übergang von der Kindheit ins Jugendalter. Damit aus mir etwas Einmaliges wird, genügt aber nicht meine Freiheit, denn diese ist erst einmal nur Möglichkeit. Sie nimmt erst durch das Gestalt an, womit ich meine Zeit fülle. Orientiere ich mich dabei an den Angeboten der Konsumwelt, werde ich von der Marktforschung in bestimmte Verbrauchstypologien eingeordnet. Dann werden für mich Parfums, Auto- und Handytypen, Modeartikel u.a. entwickelt und mir über Zeitschriften und die Fernsehserien, die mein „Typ" schaut, vorgestellt. Ich kann zwar auswählen, aber nicht individuell, sondern nur Typ-gemäß. Offensichtlich bietet mir die Gesellschaft nur Muster an. Wenn ich mich daran orientiere, kann ich nur werden wie andere, aber nicht einmalig. Der Kommunismus hat sich sogar anheischig gemacht, einen Einheitstyp zu erziehen, so dass alle Wohnungen und Einbauschränke am Ende gleich aussahen, weil ja keine Vielfalt vorgesehen war.

Die Freiheit als Konsument verspricht mir nur die Auswahl eines Verbrauchertyps, nicht jedoch Einmaligkeit. Meine Freiheit schöpfe ich erst dann aus, wenn ich einmalig werden kann. Ich bin als Mutter, als Vater nicht austauschbar, auch nicht mit meinem beruflichen Engagement und mit dem, was ich in meinem Privatleben als wichtig leben will.

Die eigene Lebensaufgabe erkennen und verfolgen

Da die menschliche Gesellschaft nicht die Instanz ist, die mir diesen innersten Kern der Freiheit ermöglicht, muss es etwas Größeres geben, das mich mit meiner Freiheit ausgestattet hat. Wie immer wir auch das Größere bezeichnen, es muss größer sein als wir selbst. Wenn es größer ist als wir selbst, können wir es mit unserem menschlichen Hirn zwar denken aber nicht beschreiben, noch erklären. Wir können es ahnen, ableiten, spüren und darauf vertrauen.

Wie passt das offensichtliche „Muss" meiner Berufung zu meiner Freiheit? Freiheit im landläufigen Verständnis heißt ja gerade, dass ich auch anders kann. Das Muss liegt bei genauerem Hinsehen in der Freiheit selbst. Denn meine Freiheit beinhaltet ein inneres Muss, denn ich kann meine Freiheit nicht liegen lassen, sondern soll Verantwortung für mein Leben übernehmen. Wenn ich die Zeit entschlusslos einfach verstreichen lasse, verfehle ich meine Freiheit, die von mir verlangt, mein Leben täglich zu formen. Wenn meine Freiheit mir ermöglicht, einmalig zu werden, dann gibt mir nicht die Konsumwelt dazu die Möglichkeit, sondern erst die Einzigartigkeit meiner Talente und Begabungen, die sich in der Einmaligkeit meiner Berufung ausdrücken.

Resümee:

Auf den ersten Blick scheint es tatsächlich ein Widerspruch zu sein, dass ich meiner Berufung eigentlich nicht ausweichen kann. Freiheit verstehen wir ja meist so, dass ich nicht muss, sondern immer auch anders kann. Nein-Sagen scheint als höchste Form der Freiheit zu gelten. Jedoch deutet mein einmaliger Fingerabdruck, meine einmalige Iris auf mehr hin, nämlich dass ich nicht nur mit meinen Körpermerkmalen, sondern als Person einmalig werden kann.

Da mir die Gesellschaft nur die Möglichkeit gibt, aus Typen auszuwählen, was ich werden will, braucht es mehr zum vollen Ausschöpfen meiner Freiheit. Die Einmaligkeit meiner Berufung ist die wichtigste Chance für meine Freiheit – eben einmalig, nicht austauschbar zu werden.

Wenn es die einmalige Lebensberufung für mich gibt, dann bietet sie mir den Roten Faden durch jeden Tag. Denn das Wichtige, was mich einmalig macht, muss in jedem Tag vorkommen. Das Pareto-Prinzip, das in Kap. 2.3 vorgestellt wurde, entlastet mich, denn ich brauche nur 20% meiner Zeit für das Wichtige. Für unsere wichtigen Aufgaben brauchen wir unsere beste Zeit am Tag. Weil oft mit diesen Tätigkeiten Denkleistungen verbunden sind, gibt es noch ein zweites Prinzip, das wir im Zeitmanagement berücksichtigen müssen. Das ist unser Biorhythmus. Er zeigt uns an, wann wir die 20% der Zeit am Tag einplanen sollen, damit wir „gut drauf" sind. Da nicht jeder vom gleichen Biorhythmus gesteuert wird, muss ich herausfinden, wie ich „getaktet" bin. Der Kern des Zeitmanagements besteht also darin, die Stunden am Tag für das Wichtige zu reservieren, mit denen ich meinen Berufungsauftrag umsetze.

4. Biorhythmus und Zeitfallen

Wir haben uns jetzt mit den Grundprinzipien des Zeitmanagements und mit unserer Berufung beschäftigt. Wir kennen das Paretoprinzip und die Einteilung in wichtig und notwendig. Wir haben uns vergewissert, dass unsere Berufung etwas Einzigartiges ist und mit unserer Lebensaufgabe und der Entwicklung unseres individuellen Personenkerns zu tun hat. Alles das ist wichtig, damit wir unserem Lebensruf folgen können. Nun bietet das Zeitmanagement mit der Erkenntnis des Biorhythmus noch eine Unterstützung dafür, das Wichtige auch tatsächlich in jeden Tag so zu integrieren, dass ich es auch umsetzen kann.

Wir alle kennen unterschiedliche Phasen am Tag, an denen wir besser oder schlechter „drauf" sind. Wir spüren auch manchmal Lustlosigkeit und schieben Aufgaben vor uns her. Das kann verschiedene Gründe haben:

1. Sie merken wenn Sie Wichtiges angehen wollen, dass Ihnen die Kraft fehlt. Vielleicht nutzen Sie Ihre „gute Zeit" am Tag noch nicht, um für die wichtigen Aufgaben die notwendigen Kräfte zu mobilisieren.
2. Sie beobachten einen rätselhaften Mechanismus, der Sie davon abhält das Wichtige mit Energie anzupacken. Charakterologien können Hinweise geben, welche unbewussten Strategien Sie daran hindern.

In Kap. 4.2 können Sie sich mit den verschiedenen Charaktermustern beschäftigen und deren Stärken und Schwächen im Umgang mit der Zeit erfahren. Während der Biorhythmus nur zwei unterschiedliche Typen kennt und es schneller möglich ist, den eigenen Rhythmus zu erkennen als die eigene Charakterstruktur, wenden wir uns zuerst dem Biorhythmus zu. Dieser wird durch unsere Schlafkurve bestimmt.

4.1 Der Biorhythmus und die Schlafkurve

Der Biorhythmus bestimmt ihre energiereiche und weniger energiereiche Zeit am Tag. Das ist deshalb interessant, weil wir die wichtigen Aufgaben in die Zeiten legen sollen, in denen wir konzentriert arbeiten können. Der persönliche Biorhythmus leitet sich aus unserer Schlafkurve ab und beeinflusst im Verlauf des Tages unsere Aktivität. Sie kennen vermutlich auch Schwankungen, denen Sie während des Tages unterworfen sind. Diese folgen natürlichen Gesetzmäßigkeiten. Einige davon haben Sie sicher selbst schon bei sich beobachtet und können sie aus eigener Erfahrung ableiten. So z.B. das berühmte Mittagsloch, von dem fast alle betroffen sind.
Der folgende Fragebogen unterstützt Sie dabei, Ihren Schlaftyp zu identifizieren.

Fragebogen

Damit Sie sich selbst einschätzen können, kreuzen Sie zu den folgenden Fragen die Antworten an, die zu Ihnen passen.

Wann gehen Sie normalerweise
abends zu Bett? 21.–23.00 Uhr (L)   nach 23.00 Uhr (E)

Wann hören Sie normalerweise
auf zu arbeiten? vor 20.00 Uhr (L)   nach 22.00 Uhr (E)

Wenn eine wichtige Arbeit ansteht, wann erledigen
Sie diese? Lieber noch am gleichen Tag bis in die Nacht?   ☐ Ja (E)

Oder gehen Sie lieber früh ins Bett, um am nächsten
Tag früher aufzustehen und die Arbeit fertig zu stellen?   ☐ Ja (L)

Wann werden Sie ohne
Wecker wach? vor 6.00 Uhr (L)   6.–8.00 Uhr (L)
8.00 bis 9.00 Uhr (E)

Wann würden Sie am liebsten
aufstehen, wenn Sie könnten,
wie sie wollten? 5.–7.00 Uhr (L)   7.–8.00 Uhr (L)
8.–9.00 Uhr (E)   nach 9.00 Uhr (E)

Sie brauchen länger
um wach zu werden? ☐ Nein (L)   ☐ Ja (E)

Sie wachen selten vor
7.00 von alleine auf ☐ Nein (L)   ☐ Ja (E)

Der Biorhythmus und die Schlafkurve

Sie können morgens schon gut frühstücken	☐ Ja (L)		☐ Nein (E)

Sie unterhalten sich gerne
schon beim Frühstück,   ☐ Ja   (L)   ☐ Nein   (E)

Sind Sie nach dem Aufstehen
schon arbeitsfähig?   ☐ Ja   (L)   ☐ Nein   (E)

Würden Sie gerne einen
Mittagsschlaf machen?   ☐ Ja   (L)   ☐ Nein   (E)

Zählen Sie nun alle L's bzw. alle E's zusammen

Summe L: ......   Summe E: ......

Überwiegend L = Lerchen/Frühaufsteher
Überwiegend E = Eulen/Abendmensch

Liegen die Werte eng beieinander, dann sind Sie ein „Zwischentyp"

Zu welchem Schlaftyp gehören Sie? ....

Stimmt das Ergebnis des Fragebogens mit
Ihrer eigenen Vermutung überein?   ☐ ja   ☐ nein

Schlafkurve

Sie können Ihre Beobachtungen noch einmal genauer überprüfen, indem Sie feststellen, wie Ihre Schlafkurve unter normalen Bedingungen verläuft.

Die Forschungen zum Schlaf – Wachrhythmus im Max-Plank-Institut in Erling-Andechs, haben gezeigt, dass es zwei unterschiedliche Rhythmen gibt, die nur teilweise den Aussagen *des Volksmundes* entsprechen. Denn nur für einen Teil der Menschen ist „der Schlaf vor Mitternacht der beste". Es sind diejenigen, die leicht einschlafen und schnell ihre größte Schlaftiefe erreichen. Da die Tiefschlafphasen durch Traumphasen unterbrochen werden, kann man durchaus in der Nacht aufwachen.
Für die Eigenbeobachtung ist es wichtig, dass der Schlaf zum Morgen hin immer anfälliger wird und dass es keine großen Schwierigkeiten macht, morgens „aus den Federn zu kommen".

Typ 1

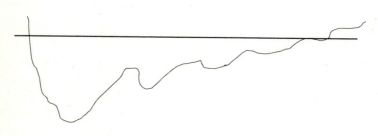

Der Biorhythmus und die Schlafkurve

Ein ganz anderer Schlaftyp ist der, der nur schwer einschlafen kann und morgens große Schwierigkeiten hat wach zu werden. Hier befindet sich der tiefste Punkt der Schlafkurve in der Zeit zwischen 3.00 Uhr und 5.00 Uhr. Es ist also verständlich, dass Menschen mit dieser Schlafkurve am Morgen nicht sofort ihre höchste Leistungsfähigkeit erreichen.

Typ 2

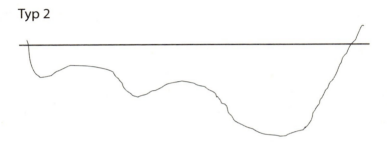

Die wichtigen Aufgaben und der Schlafrhythmus

Mit dem Fragebogen und den Informationen zur Schlafkurve haben Sie vielleicht auch Ihren Rhythmus erkannt. Das ist deshalb wichtig, weil Sie Ihre wichtigen Aufgaben in Ihre beste Tageszeit legen sollten. Diese nämlich orientiert sich an Ihrer Schlafkurve. Gehören Sie zu denen, die vor Mitternacht schlafen gehen, schnell einschlafen und morgens schon recht früh fit sind, dann sind Sie ein Morgentyp, eine Lerche. Wenn Sie spät ins Bett gehen und nicht so schnell einschlafen können, morgens noch Anlaufzeit brauchen, gehören Sie zu den Abendmenschen, den Eulen. Für beide gilt in der Zeitorganisation, dass Sie für die wichtigen Aufgaben täglich 90 bis 120 Minuten (20%) reservieren, in denen Sie ungestört arbeiten können. Das stellt sich für den Morgentyp meist leichter dar als für den Abendtyp. Der Morgenmensch kann nämlich seine 90 Minuten in die frühen Morgenstunden legen, in denen von außen wenige Störungen zu erwarten sind. Der Abendmensch muss die späteren Nachmittagsstunden nehmen, um sich ungestört um seine wichtigen Aufgaben kümmern zu können.

Wer zu dem ersteren Schlaftyp gehört, sollte seine konzentrierte Arbeitszeit auf den frühen Vormittag legen, also durchaus um 8.00 Uhr im Büro sein und bis 10.00 Uhr alles Wichtige erledigt haben. Zwischen 10.00 Uhr und 12.00 Uhr und noch einmal nachmittags zwischen 14.00 Uhr und 15.00 Uhr macht es wenig Sinn, sich auf eine wichtige Arbeit zu konzentrieren, weil in dieser Zeit die Störungen von außen durch Telefonate, Konferenzen, Publikumsverkehr keine ungestörte Arbeitszeit zulassen.

Diejenigen, deren Schlafkurve erst im Laufe der Nacht ihren tiefsten Punkt erreicht, haben zwischen 10.00 und 12.00 eine leistungsfähige Zeit, die aber bei den meisten nicht störungsfrei gehalten werden kann, weil diese Zeit durch Außenstörungen wie Telefon etc. sehr anfällig ist. Deshalb müssen Abendmenschen ihre zweite leistungsfähige Zeit am Nachmittag nutzen. Sie sollten sich deshalb zwischen 16.00 Uhr und 18.00 das Wichtige vornehmen. Da Vertreter dieses Schlaftyps dazu tendieren, lange in die Nacht hinein zu arbeiten, besteht die Gefahr, dass diese erst nach 20.00 Uhr das Wichtige in Angriff nehmen. Das bedeutet aber, dass die Einschlafzeit weit hinausgeschoben wird, was wiederum die Leistungsfähigkeit am nächsten Vormittag beeinträchtigt. Die Burnout-Gefährdung dieser Zeitorganisation wird im 5. Abschnitt eingehender dargestellt.

Wenn es der Arbeitsablauf nicht ermöglicht, dass der Morgentyp vor 10.00 Uhr sein Wichtiges erledigt hat, wäre er noch einmal am frühen Nachmittag für eine konzentrierte Arbeit disponiert, also zwischen 15.30 und 17.30. Der Abendtyp hat in der zweiten Vormittagshälfte eine Zeitspanne für konzentriertes Sich-Beschäftigen mit seinem Wichtigen. Jedoch sind die hier für die beiden Schlaftypen angegebenen Stunden nicht so effektiv, weil in den weiter oben angegebenen Zeiten, vor 10.00 Uhr bzw. nach 16.00 Uhr, die Zeit störungsfreier gehalten werden kann. Außerdem ist der Leistungspegel für eine Lerche vor 10.00 Uhr höher als am frühen Nachmittag und für die Eule nach 16.00 höher als in der zweiten Vormittagshälfte.

Die Zeitorganisation wird also nicht durch eine exakte Einteilung des Tagesablaufes gestaltet, sondern dadurch, dass das Wichtige dann getan wird, wenn Sie über die höchste Konzentration und Leistungsfähigkeit verfügen.
Nun könnte man meinen, dass man das Wichtige auf einen Tag in der Woche konzentrieren und an den übrigen Tagen das Notwendige erledigen kann.
Das ist allein deshalb nicht möglich, weil man für Besprechungen, die Erledigung von Post und andere notwendige Arbeiten täglich Zeit reservieren muss. Der Hauptgrund ist jedoch, dass man mehr als 120–180 Minuten pro Tag nicht mit höchster Konzentration arbeiten kann.
Es besteht bei einer Wochenplanung, die das Wichtige auf einen Tag konzentriert, die Gefahr, dass man erst alles Notwendige erledigt und sich dann frei fühlt, das Wichtige in Angriff zu nehmen. Dann stellt man aber fest, dass man für das Wichtige nicht mehr genügend Kraft, Konzentration und Energie

aufbringen kann. Deshalb macht es Sinn, seinen Tagesablauf von den wichtigen Tätigkeiten her zu organisieren.
Für das Wichtige reservieren Sie jeden Tag 90 bis 120 Minuten in der für Sie guten und möglichst störungsfreien Zeit. Von den vielen notwendigen Arbeiten kann man jeden Tag einiges wegarbeiten.

Beispiel:
Thomas Mann ist für eine solche Zeitplanung ein gutes Beispiel. Er hat jeden Tag mindestens einige Zeilen geschrieben, unabhängig davon, ob ihm das Schreiben leicht viel oder nicht.

Resümee:

Ich sollte jeden Tag meinem Wichtigen Zeit widmen. Damit ich auch etwas zustande bekomme, sollte ich die Zeit auswählen, in der ich konzentriert arbeiten kann. Diese bestimmt sich nach der persönlichen Schlafkurve. Für die einen liegt die beste Zeit am Morgen zwischen 8.00–10.00 Uhr, für die anderen zwischen 16.00–18.00 Uhr am späteren Nachmittag.
Der Biorhythmus, verbunden mit dem Paretoprinzip zeigt, worin effektive Zeitorganisation besteht: Nicht darin, dass ich meinem Wichtigen besonders viel Zeit widme, sondern indem ich das Wichtige in meine beste Zeit lege und dafür 90 bis 120 Minuten täglich einplane.
Das klingt einfach und ist es auch, läge nicht in unserem Charaktermuster eine bestimmte Verführbarkeit, nämlich in der Zeit, die ich mir für das Wichtige reserviert habe, gerade nicht das Wichtige anzupacken.

4.2 Die Verführungen in der Zeitorganisation

Im vorangegangenen Kapitel haben wir erfahren, dass es von unserem Schlafrhythmus abhängt, wann wir unsere wichtige Arbeit tun sollten. Wenn wir zu den Lerchen gehören, haben wir die beste Zeit am Morgen zwischen 8.00 und 10.00, wenn wir aber Eule sind, liegt unsere beste Zeit zwischen 16.00 und 18.00. Aber trotz allem guten Willen, unsere Zeitorganisation in Bahnen zu bringen, können wir unserer Zeitfalle aufsitzen. Denn jeder von uns ist durch sein individuelles Charaktermuster in bestimmter Weise gefährdet, genau das nicht zu tun, was er sich vorgenommen hat. Wir sind dabei mit unseren persönlichen charakterlichen Engführungen im Konflikt. Dazu kann das Enneagramm einiges erklären.
Es ist eine alte Typologie, die in neun Charaktermustern die Stärken und Schwächen beschreibt und von Begabungen und Wurzelsünden spricht, die unserem Handeln zugrunde liegen. Da diese Stärken und Schwächen in uns verlässlich verankert sind, haben sie auch Einfluss auf die Organisation der eigenen Zeit. Im Folgenden sind die Schwierigkeiten beschrieben, in die Einzelne immer wieder geraten können.

Fallen der unterschiedlichen Persönlichkeitsmuster bei der Zeitorganisation.

Perfektionisten

Beispiel:
Hans König, der Hautarzt hat sich den frühen Morgen zwischen 6.30 und 7.30 reserviert, um sich eine Stunde am Tag für seinen

beruflichen Schwerpunkt zu sichern. Um diese Zeit hat er noch Ruhe. Die Patienten kommen erst gegen 8.30 und die Sprechstundenhilfe auch erst kurz vor 8.00. Heute muss er einen Patientenfall durcharbeiten und in der Fachliteratur, die er sich bereits besorgt hat, nachsehen, welche neuen Forschungsergebnisse ihm weiterhelfen. Als er in die Praxis kommt, kurz durch das Labor geht, sieht er mit einem Blick, dass die Arzthelferin die Proben nicht ordentlich weggeräumt hat sowie auch manche Geräte nicht richtig eingeräumt sind. Es ärgert ihn, er überlegt gar nicht lange und fängt an, Ordnung zu machen. Dabei stellt er fest, dass es noch mehr aufzuräumen gibt. Als er endlich fertig ist, sind 45 Min vorbei. Seine gute Zeit hat er fast ganz für das Aufräumen verbraucht. Herr König gehört mit seiner perfektionistischen Art zu den Charaktermustern, die schnell sehen, was falsch ist und die Unordnung schwer aushalten können.

Für Perfektionisten ist die Zeit eigentlich immer zu kurz, denn Sie sehen die Fehler, die andere machen, das was nicht ordentlich ist. Sie müssen es dann auch noch selber in Ordnung bringen, weil es niemand so gut kann wie sie selbst. Deshalb müssen sie auch vieles in ihrem Umfeld nachkontrollieren. Perfektionisten erleben die Welt ständig unvollkommen. Sie übernehmen eine Art Kontrollfunktion und müssen die Perfektion einfordern und anmahnen. Weil sie so genau sind, können sie sich in Nichtigkeiten und Kleinigkeiten verzetteln, die nicht korrekt geregelt sind. Die perfektionistische Ader von Herrn König ist erst einmal eine besondere Gabe, die er für seinen Beruf auch benötigt, aber er verlässt sein Prinzip „wichtig", wenn er sich durch seine perfektionistische Sicht zum Aufräumen gedrängt fühlt. Vor allen Dingen, wenn er sich dazu hinreißen lässt, das auch noch selber zu machen, was Aufgabe der Arzthelferin wäre. Das kostet natürlich Zeit.

Wenn Perfektionisten nicht zu ihrem Wichtigen kommen, können sie sich fragen: „Was hätte ich heute delegieren müssen, damit ich mir meine wichtige Zeit sichere?"

Helfer

Beispiel:
Susanne Grün, unsere Kunsthistorikerin, die entschieden ist, sich am Vormittag zwischen 8.00 und 10.00 mit der Kunstgeschichte und ihrer Zukunftsperspektive zu beschäftigen, sitzt heute über einem Artikel für die Zeitschrift, für die sie Kunstkritiken schreibt. Sie hat vielleicht 5 Zeilen geschrieben, da geht das Telefon. Ihre Freundin, sie wohnt nebenan, bittet sie darum, doch mal eben vorbei zu kommen. Sie muss unbedingt mit ihr reden, denn sie hatte einen ziemlichen Ehekrach mit ihrem Mann und braucht Susannes Hilfe. Susanne, die jederzeit bereit ist, anderen zur Hand zu gehen und Beistand zu leisten, denkt nicht groß darüber nach, was zu tun ist. Sie sagt natürlich direkt zu. Das Gespräch mit ihrer Freundin dauert ziemlich lange. Als sie die Türe zu Hause aufmacht, wird ihr erst klar, dass sie ihre wichtige Zeit für ihren Artikel nicht genutzt hat. Im Untergrund spürt sie eine leichte Missstimmung.

Die Gabe der Helfer, Menschen beizustehen, hat die Kehrseite, dass sie sich gerne durch die Anliegen sowie Anfragen anderer von den eigenen Aufgaben abbringen lassen. Die Falle ist hier der Stolz, dass nur sie die Hilfe erbringen können, die andere gerade brauchen. Auch fällt es ihnen schwer, ihre eigenen Bedürfnisse wahrzunehmen und dafür einzutreten. Sie lassen sich gerne davon ablenken, ihre eigenen „wichtigen Aufgaben" zu erledigen, wenn von außen Anfragen an sie gestellt werden. Wenn sie anderen helfen können, hat das immer größere Priorität als das, was sie sich selbst gerade vorgenommen haben.

Helfer sind in ihrem Zeitmanagement an den anderen ausgerichtet. Für Susanne bedeutet es eine große Anstrengung, ihr „Wichtiges" nicht nur zu definieren, sondern dies auch konsequent zu verfolgen und sich durch Anfragen ihrer Freundin nicht von ihrem Vorhaben abbringen zu lassen. Sie muss lernen sich mit ihrem Wichtigen ernst zu nehmen, mit anderen über den Zeitpunkt, an dem sie zur Verfügung stehen kann, zu verhandeln und nicht gleich ja zu sagen.

Erfolgreiche

Beispiel:
Herr Gross hat sich endlich dazu durchgerungen, einen wichtigen Artikel über das Internet zu schreiben. Da merkt er, dass ihn jemand über Skype erreichen will. Natürlich greift er gleich zu seinem Headset und geht in Verbindung. Die Firma Holist will ein neues Internet-Projekt entwickeln und braucht ihn mit seinem know how. Herr Gross ist gleich Feuer und Flamme, sieht in der Anfrage bereits ein erfolgreiches neues Projekt und verabredet sich mit dem Vertreter der Firma für 13.00 in Frankfurt. Um dort pünktlich zu sein, muss er aber auch sofort aufbrechen. Sein Artikel bleibt natürlich liegen.

Da Erfolgreiche mit ihrer Gabe, den Erfolg zu „riechen", zugleich auch von der Lebenslüge geleitet sind, dass Erfolg im Leben „alles" ist, d.h. zur inneren Zufriedenheit führt, sind sie in ihrem Zeitmanagement gefährdet, wenn sie sich nur auf die erfolgversprechenden Projekte konzentrieren. Sie springen dann auf jedes neue Projekt.

Herr Gross ist in Gefahr, seine eigenen Wertvorstellungen zu verlieren, nicht seine eigene Richtung zu verfolgen, weil er weniger Aufmerksamkeit darauf verwendet, was er selbst will, sondern sofort alles liegen und stehen lässt, wenn ein neues attraktives Projekt winkt. Erfolgreiche müssen lernen, nicht nur ihre Zeit in den äußeren Erfolg zu investieren, sondern auch in ihre innere Entwicklung. Denn wenn der Erfolg einmal ausbleibt, haben sie keine tiefer liegende Wertorientierung aufgebaut, die unabhängig vom Erfolg Geltung und Gewicht hat.

Besondere

Beispiel:
Frau Winkel ist Theologin und verantwortlich für die Vorbereitung der Erstkommunion in der Pfarrei St. Nikolaus. Sie gehört zur Gruppe der Eulen, also derjenigen, die erst zwischen 16.00 und 18.00 ihr Wichtiges machen. Heute will sie die Planung für den ersten Abend mit den Katecheten fertig stellen. Nach einer halben Stunde verliert sie die Lust und legt ihre irische Musik in den CD-Player. Sie lehnt sich in ihrem Sessel zurück. Vor ihrem inneren Auge lässt sie ihre letzte Reise nach Irland wie einen Film ablaufen. Eigentlich würde sie lieber in Irland leben, da ist der Lebensstil nicht so oberflächlich. Dabei kommt sie ins Träumen

und kann sich emotional so richtig der Musik und der Träumerei hingeben. Natürlich bleibt die Vorbereitung liegen. Die beste Zeit am Tag hat sie verträumt.

Die Besonderen haben die Gabe der tiefen Empfindungen und erleben den Arbeitsalltag oft als gewöhnlich, oberflächlich und banal. Damit sie sich ein anderes Lebensgefühl einspielen, träumen Sie sich aus der Realität. Auf diese Weise versuchen sie das zu bekommen, was ihnen emotional zu fehlen scheint.

Frau Winkel ist in ihrem Zeitmanagement gefährdet, wenn sie das Durchhaltevermögen verlässt, weil ihr heute Wichtiges, die Vorbereitung eines Treffens, anstrengend wird. Sie muss für ihre Zeitorganisation lernen, sich der Realität zu stellen und auch durchzuhalten, wenn die Arbeit „gewöhnlich" wird, nicht mehr intensiv, aufregend und faszinierend ist, wenn das Besondere ins Alltägliche übergeht.

Wissende

Beispiel:
Herr Wecker ist dabei, die letzten Seiten seiner Diplomarbeit fertig zu stellen. Er will sie heute zum Binden geben. Er sitzt sehr konzentriert über der letzten Zusammenfassung. Da muss er noch mal etwas im Internet nachschauen. Bei der Suche nach einem bestimmten Begriff, der ihm nicht eingefallen ist, fällt sein Blick auf eine Überschrift, die ihn neugierig macht. Er liest den Bericht, weil er glaubt, dass er vielleicht noch etwas davon für seine Arbeit verwerten kann. Dabei bleibt es aber nicht, denn ein weiterer Bericht interessiert ihn. Er liest und liest und merkt erst

zu spät, dass er seine gute Zeit zum Schreiben vertan hat. Jetzt kommt er unter Druck. Der Abgabetermin naht.

Die Gabe der Wissenden, über möglichst vollständiges Wissen zu verfügen, verleitet sie dazu, immer noch mehr wissen zu wollen. Damit verlieren sie wichtige Zeit und kommen nicht dazu, ihr Wissen zu veröffentlichen oder mit ihrem Wissen zu handeln. Sie sind Sammler und verlieren mit ihrer Sammelleidenschaft kostbare Zeit. Herr Wecker muss lernen, dass sein Wissen nur soviel wert ist, wie er es auch anderen zur Verfügung stellt. Das bedeutet konkret, dass Wissende ihre 20% wichtige Zeit nicht mit dem Sammeln von weiteren Informationen, sondern in die Umsetzung ihres Wissens investieren müssen.

Loyale

Beispiel:
Frau Kran ist Abteilungsleiterin eines Textilhauses und sitzt am morgen pünktlich im Büro. Sie muss die nächste Monatskalkulation unbedingt heute fertig bekommen. Dafür hat sie sich die ruhige Zeit am Morgen ausgewählt. Ihr Chef ist auch schon so früh da und klopft bei ihr, um sie zu bitten, seinen letzten Monatsbericht doch eben gegen zu lesen. Frau Kran, die für ihren Chef alles tut, lässt ihre Kalkulation liegen und liest den Monatsbericht durch. Der Bericht ist ziemlich ausführlich und sie braucht fast 40 Minuten, um ihn genau zu lesen und auch einige Rechtschreibefehler zu korrigieren. Sie kommt natürlich dann nicht mehr zu ihrer Kalkulation. Die nimmt sie am Abend mit nach Hause. Da ist sie als „Lerche" aber nicht mehr so leistungs-

fähig. Beim Durchlesen am nächsten Tag merkt sie auch, dass sich einige unnötige Fehler eingeschlichen haben.

Die Gabe der Loyalen ist die Gutmütigkeit, eigenes für die Belange anderer, insbesondere für den Chef, in den Hintergrund zu stellen. Bei ihnen ist es aber nicht wie bei den Helfern, dass sie das Gefühl haben, nur sie könnten das tun, sondern ihr innerer Antrieb ist die Loyalität gegenüber dem Chef. Sie sehen sehr gut, was zu tun ist, können Wichtiges von Unwichtigem unterscheiden, aber sie tun sich schwer, das Wichtige, das sie erkannt haben, in Handlung umzusetzen, wenn ein Vorgesetzter gerade etwas von ihnen will. Frau Kran muss lernen, ihre Zeit zu sichern und dem Chef gegenüber auch deutlich zu machen, wann es für sie möglich ist, für ihn etwas zu übernehmen. Das kostet aber Kraft und Überwindung, sich selbst so wichtig zu nehmen und evtl. Unverständnis seitens des Chefs zu ernten.

Unterhaltsame

Beispiel:
Herr Neuner ist Sachbearbeiter in der Abteilung Öffentlichkeitsarbeit. Er begrüßt am Morgen seine Kollegen und wechselt erst einmal ein paar nette Wort mit ihnen. Da kann es auch sein, dass zwei, drei Witze erzählt werden, denn für ihn darf das Leben nicht so ernst werden. Er will heute die Unterlagen zusammenstellen, die die Werbeabteilung für die nächste Kampagne braucht. Vor allem muss eine klar aufgebaute Produktinformation formuliert werden. Er schaltet den PC an und gestaltet die Seite, auf der die Produktinformation stehen soll. Dazu baut er

einige akustische Signale für die verschiedenen Spalten ein. Bei der Gelegenheit lädt er sich mal eben schnell einen neuen, sehr lustigen Bildschirmschoner runter und verschickt ihn auch gleich an den Kollegen. Er freut sich schon auf die Augen des Kollegen, wenn er den Bildschirmschoner öffnet. Die Textarbeit bleibt liegen, er muss zu einer Besprechung.

Da Unterhaltsame davon geleitet sind, durch Witz, Spaß und Genuss das Leben angenehm zu machen, verlieren sie ihre Zeit gerne in Oberflächlichkeit. Sie müssen für ihre Zeitorganisation lernen, dass die Hinwendung zu den schwierigen Dingen in ihrem Leben und zu der mühsamen Seite ihres Daseins auch eine Qualität hat, für die es sich lohnt, Zeit zu investieren. Für Herrn Neuner heißt das, sich nicht von Lustgefühlen ablenken zu lassen, wenn Ausdauer, Ernsthaftigkeit und Durchhaltevermögen notwendig sind. Er muss sich mehr disziplinieren, um etwas, das er angefangen hat, auch fertig zu machen, selbst wenn der Spaß dabei fehlt.

Einflussreiche

Beispiel:
Herr Altmaier hat schon auf dem Weg ins Büro mehrere Telefonate gemacht und dabei einen neuen Auftrag für die Firma an Land gezogen. Den hat er schon kurz mit einem Kollegen angedacht, bevor er sein Büro betritt.
Auf dem Schreibtisch liegt die neue Ausgabe der Fachzeitschrift für Elektronik. Darin steht ein interessanter Artikel über eine neue Entwicklung für Herrn Altmaiers Arbeitsbereich. Er überfliegt den Artikel und hat eine gute Idee, wie die Firma die-

sen neuen Trend aufgreifen kann. Er setzt sich an den PC und schreibt an die Kollegen.
Jetzt beginnt er mit dem Schlussbericht für ein Projekt, das die Rechnungsabteilung schon seit Tagen braucht, um dem Kunden die Abschlussrechnung zu stellen. Da klingelt das Telefon. Einer seiner Kollegen findet seine Idee gut und will sich mit ihm gleich treffen. Herr Altmaier verabredet sich mit ihm zu einem Planungsgespräch für 10.00 Uhr. Das ist jetzt wichtiger als der Abschluss des Projektes.

Da Einflussreiche davon geleitet sind, möglichst viel in ihrem Leben zu „machen" und damit Einfluss zu nehmen, sind sie gefährdet, zu viele Projekte gleichzeitig steuern zu wollen. Sie tun sich schwer, Projektprioritäten zu setzen. Die Quantität gewinnt dann Vorrang vor der Qualität. Herr Altmaier muss lernen, sich zu begrenzen und das, was er sich vorgenommen hat, auch erst einmal solide zu Ende zu bringen, damit die Qualität gewährleistet bleibt.

Friedfertige

Beispiel:
Frau Merx ist Buchhalterin in einem Personalbüro. Sie kommt am Morgen ins Büro, holt sich erst einmal einen Kaffee, lehnt die Türe zum Büro an und setzt sich an ihren Schreibtisch. Sie lässt den Tag in Ruhe angehen. Sie schaut auf ihren Schreibtisch und ihren Kalender und ist unentschlossen. Eigentlich wollte sie einen Vorschlag ausarbeiten, wie man die Software für die Buchungen verbessern kann. Sie hat abends öfters daran gearbeitet, aber niemandem etwas davon erzählt. Jetzt ist sie soweit, dass ein

Programmierer die Sache umsetzen könnte. Jedoch herrscht im Moment eine ziemliche Unruhe in der Abteilung. Seit der zweite Geschäftsführer da ist, weiß man nicht so genau, wie die Dinge sich entwickeln. Frau Merx beschließt, erst einmal abzuwarten.

Da Friedfertige durch ihre Trägheit gesteuert werden, bemühen sie sich oft nicht, ein individuelles Profil zu entwickeln. Sie fürchten die Auseinandersetzungen mit anderen. Sie sind gefährdet, ihre wertvolle Zeit damit zu verbringen, möglichst alle zu verstehen und dadurch selbst versteckt zu bleiben. Friedfertige müssen lernen, ihre 20% Zeit dafür einzusetzen, sich Ziele zu setzen, Konturen zu zeigen und sich in der Verfolgung der Ziele nicht ablenken oder beirren zu lassen.

Resümee

Die neun Charaktermuster machen deutlich, dass jeder von uns einer bestimmten Verführung unterliegt, wenn es darum geht, sich vor dem zu drücken, was für uns als wichtig ansteht. Da das Wichtige meist mit Konzentration verbunden ist, braucht es unsere ganze Aufmerksamkeit. Diese aber können wir nur erbringen, wenn wir unsere gute Zeit am Tag auch tatsächlich vor Störungen sichern. Da ist es gut, den Anrufbeantworter einzuschalten, der für 90 Minuten das Telefon ruhigstellt. Es ist auch gut, das Umfeld zu informieren, wenn man ungestört arbeiten möchte. Es dauert keine 14 Tage, bis sich das herumgesprochen hat und man in Ruhe arbeiten kann.

Biorhythmus und Zeitfallen

In den vorausgegangenen Abschnitten wurden die Prinzipien für die persönliche Zeitorganisation dargestellt. Es wurde vorausgesetzt, dass der Alltag einigermaßen normal abläuft. Vor allem funktioniert die Zeitorganisation nur dann, wenn für die guten Zeiten auch genügend Konzentrationsfähigkeit zur Verfügung steht. Das hängt von dem Hormon Cortisol ab, das nur in ausreichender Menge von der Nebennierenrinde gebildet wird, wenn der Schlafrhythmus nicht gestört ist. Aber gerade den Schlafrhythmus bringt das moderne Leben durcheinander. Wie es zum Burnout-Zusammenbruch kommt, wird im folgenden Abschnitt erklärt.

5.0 Burnout

Weil die Zeit hinten und vorne nicht reicht, hat die Späte Moderne Kalendersysteme, Zeitplaner und Emails erfunden. Würde der postmoderne Mensch seinem Biorhythmus folgen und in seiner jeweils guten Zeitspanne das Wichtige erledigen, könnte er, könnte sie unbeschwerter leben. Das Wichtige getan zu haben, verschafft Zufriedenheit, das Notwendige in den restlichen Stunden zu erledigen, hält das Leben in Gang. Die gleichen Prinzipien im Privatbereich halten das soziale Netzwerk in Takt und lassen auch Zeit für Sport und Bewegung. Aber das moderne Leben ist nicht so. Deshalb sind wir auch zunehmend gefährdet, uns zu überfrachten.

5.1 Burnout – das Phänomen

Nicht nur hat sich die aktive Zeit weiter in den Abend verschoben. Der Berufsalltag endet zudem selten zur gleichen Stunde. Flexibilisierung heißt dann nicht selten, bis in die Nacht hinein zu arbeiten und am nächsten Tag frühmorgens im Auto zu sitzen oder am Flughafen sein. Wer in der Softwarebranche tätig ist, Maschinen zu warten hat, im Ausland eingesetzt wird, muss so lange an dem Problem sitzen, bis es gelöst ist. Der pünktliche Feierabend gilt in verschiedenen Branchen nicht mehr als Norm, vielmehr wird derjenige leicht zum Außenseiter, der nicht bis in den Abend oder sogar in die Nacht hinein weiterarbeitet. Da die anderen unbegrenzt erreichbar sind, muss man es auch sein, um dazu zu gehören. Das gilt vor allem für die Jüngeren und das mittlere Management.

Da wir die Freizeit ähnlich wie die Arbeitszeit verbringen, kommen weitere Schlafverhinderer hinzu, so das Fernsehen und bei Jüngeren die Disco und andere Freizeitaktivitäten, die erst um 21 h oder später beginnen. Der moderne Lebensstil führt dazu, dass bei vielen Menschen der Tag-Nacht-Rhythmus gestört ist. Die Folge sind Schlafstörungen. Ein weiteres kommt hinzu:

Höheres Erregungsniveau

Die Berufswelt und, davon abgleitet, auch viele Freizeitaktivitäten setzen auf erhöhte Aufmerksamkeit. Internet und Handy führen nicht nur zu einer ständigen Erreichbarkeit und damit zur Ausdehnung der Arbeitszeit, sondern erhöhen bis in den Abend hinein die Aufmerksamkeit und damit den Erregungszustand. Sie machen das Einschlafen schwerer und führen zu einem oberflächlichen Schlaf. Denn wer gut und tief schlafen will, kann das nicht aus einer Phase hoher Aktivität heraus, sondern muss „den Motor herunterfahren". In der Epoche der industriellen Produktion war das noch einfacher, weil hier mehr körperliche Anstrengung gefragt war. Im Zeitalter der Dienstleistungsberufe, der Arbeit am PC, der Kommunikation über den Bildschirm wird dem einzelnen eine ständig hohe Aufmerksamkeit abgefordert. Zudem müssen sehr viel mehr Informationen verarbeitet werden, je weniger Arbeitsabläufe als Routine verlaufen. Kommt dann noch die Autofahrt von und zum Arbeitsplatz hinzu, wird auch vor Arbeitsbeginn und nach Verlassen des Büros erhöhte Aufmerksamkeit verlangt. Die Medienumwelt, oft mit stark rhythmischer Musik, hält das Erregungsniveau konstant auf einem hohen Level.

An der Lebensberufung vorbei leben

Die gewachsenen beruflichen Anforderungen und die hohen Ansprüche an eine erlebnisintensive Freizeit spannen uns in viele Abhängigkeiten ein. Wer eine hohe Leistung erbringen will, muss noch aktiver sein. Daraus entsteht das Gefühl, mehr getrieben zu sein als sein Lebensschiff aktiv selbst zu steuern. Man fühlt sich zwar aktiv, aber nicht von innen her.
Hinzu kommen die Geräte, die das moderne Leben auszumachen scheinen. Die Email nicht mehr ein- oder zweimal am Tag abzurufen, sondern sie direkt auf das Handy gespielt zu bekommen, die neue Software, die soviel mehr kann als die alte, der Routenplaner, der mir ermöglicht, mehr Termine in einen Tag zu packen, sie alle erleichtern vieles, sind aber auch ein Faktor der Beschleunigung. Vor allem machen sie mich für andere noch mehr verfügbar. Sie sind damit Einfallstore für Außensteuerung. All das führt dazu, dass ich das „Meine", eben meine Lebensberufung, leichter aus dem Auge verliere. Wenn ich aber nicht mehr zu dem Wichtigen komme, weil sich anderes immer wichtiger macht, werde ich unzufrieden. Der Abend dient dann dazu, die latente Unzufriedenheit zu kompensieren mit der Konsequenz, dass ich noch später ins Bett gehe. All das führt zu einer Abwärtsspirale.

Schlafstörungen verlängern notwendig den Arbeitstag

Der Körper ist auf eine bestimmte Zu-Bettgeh-Zeit eingestellt. Die wenigsten wissen es und die Jüngeren spüren es kaum, dass der Körper nur eine Verschiebung der Einschlafzeit von einer halben Stunde verkraftet, ohne dass sich über längere Zeit gesundheitliche Komplikationen einstellen. Wer statt 23 h um 24 h ins Bett geht, braucht zwei Tage, damit der Körper sich an die neue Einschlafzeit gewöhnt hat. Eine spätere Einschlafzeit hat bei den meisten Menschen zur Folge, dass der Schlaf weniger tief ist. Nur wenige können die am Beginn der Nacht eingesparte Schlafzeit durch längeres Schlafen ausgleichen. Die meisten werden zur üblichen Zeit wach und haben damit dem Körper Zeit für die notwendigen Reproduktionsvorgänge genommen.

Wer nicht gut ausgeschlafen ist, verfügt in seinen Kernzeiten nicht über die notwendige Konzentration, um effektiv zu arbeiten. Wer zu wenig geschlafen hat, braucht daher am nächsten Tag mehr Willensenergie, um die üblichen Leistungen zu erbringen. Weil man unausgeschlafen meist Entscheidungen vor sich herschiebt und wichtige Arbeiten in den Abend verlegt, rückt das Ende des Arbeitstages allein deshalb immer weiter heraus, weil man für das normale Pensum mehr Zeit braucht. Für den sportlichen Ausgleich und einen entspannten Abend fehlt die Zeit. Daraus folgt eine ständige Überforderung.

Resümee:

Die Flexibilisierung und das Hinausschieben der Arbeitszeit in den späten Abend führt zu weniger Schlaf. Daraus folgt eine geringere Leistungsfähigkeit am nächsten Tag. Man braucht für das normale Pensum mehr Zeit als wenn man ausgeschlafen wäre. Da die Konzentration für das Wichtige fehlt und Entscheidungen schwerer fallen, wächst die Unzufriedenheit, die kompensiert werden will. Da durch die Ausdehnung der Arbeitszeit und mangelnden körperlichen Ausgleich nicht nur die Schlafzeit auf Dauer zu gering ist, sondern diese durch Schlafstörungen nicht mehr für die körperliche Regeneration voll genutzt werden kann, dreht sich die Abwärtsspirale weiter. Wie führt die hier beschriebene Dynamik des modernen Lebens zum Burnout?

5.2 Der Schlaf bestimmt den Tag

Wenn es zu wenig Zeit gibt, muss man irgendwo kürzen. Da der Tag übervoll von Aufgaben und Terminen ist, bleibt nur der Schlaf, von dem man Zeit abzweigen kann – für die Aufgaben und Erledigungen des Tages.
Wenn wir uns darüber klar werden, was im Schlaf passiert, werden wir vorsichtiger mit unserem Schlaf umgehen. Im Kapitel über den Biorhythmus hatte sich bereits gezeigt, dass der Schlaf den Tag bestimmt. Je nach dem Verlauf unserer Schlafkurve haben wir unsere beste Arbeitszeit morgens vor 10.00 Uhr oder in der zweiten Nachmittagshälfte. Allerdings haben wir diese Zeit für konzentriertes und kreatives Arbeiten nur, wenn wir ausgeschlafen sind. Es sind biochemische

Vorgänge, die unsere Leistungsfähigkeit ermöglichen. Diese Vorgänge brauchen den Schlaf.

Was im Schlaf passiert

Schlaf ist erst einmal ein ausgewogener Zustand des Nervensystems. Das Aktivitätsniveau des zentralen Nervensystems und in seinem Gefolge das der Organe wird abgesenkt. Dabei passiert in der Nacht Wichtiges im Körper. Dafür ist aber Schlaf die Voraussetzung. Es finden unverzichtbare Reproduktionsvorgänge statt. Damit Schadstoffe abtransportiert, Schäden in den Zellen durch Enzyme „repariert" und die Energiespeicher der Zellen wieder aufgefüllt werden, dürfen äußere Anforderungen den Körper nicht beanspruchen. Deshalb schaltet das Hormon Leptin nachts auch das Hungergefühl aus. Auch die Ausschüttung der Stresshormone (Adrenalin und Cortisol) sinkt auf ein Minimum. Diese Vorgänge sind „getaktet". Grundtakt ist der Wechsel von Schlaf- und Aktivitätsphasen. Der Grundtakt wird durch ein Nervenzentrum gesteuert, das bei den meisten Lebewesen in der Nähe des Auges liegt und somit auf den Hell-Dunkel-Rhythmus der Erdumdrehung eingestellt ist. Einige Aktivitäten nehmen allerdings im Schlaf zu. Zu Beginn bildet der Körper verstärkt Melatonin in der Zirbeldrüse. Auslöser für die Bildung des Hormons ist Dunkelheit. Melatonin ist maßgeblich an der Schlaf-Auslösung beteiligt, es ist das Einschlafhormon. Deshalb sollte man in abgedunkelten Räumen ohne eine Lichtquelle schlafen. Die Schlafdauer wird außerdem von einer Reihe weiterer Faktoren mitgesteuert, vor allem von Cortisol, Serotonin, GABA und Glycin. Im Tiefschlaf wird auch das Wachstumshormon HGH gebildet, das neben der Wachstumssteuerung bei Kindern später für den Energiestoffwechsel, die körperliche Regeneration und den Muskelaufbau unentbehrlich ist. Ebenso wird das männliche Geschlechtshormon Testosteron und das Schilddrüsenhormon TSH gebildet.

Das Melatonin wirkt nicht nur auf den Schlaf ein, sondern erfüllt mit anderen körpereigenen Stoffen eine zweite Funktion, nämlich den Abbau von Stoffwechselrückständen. Diese entstehen in den Mitochondrien, den kleinen Energiezentren aller Zellen, die aus Zucker, Fetten und Sauerstoff, Energie erzeugen. Es ist zwar kein Verbrennungsvorgang wie in einem Benzin- oder Dieselmotor, es entstehen jedoch auch in den Zellkraftwerken schädliche Rückstände in Form von aggressiven Sauerstoffmolekülen, denen ein Elektron fehlt. Diese können an anderer Stelle, z.B. in Adern, aus anderen Molekülen Elektronen herauslösen und die Organe schädigen. Schlechte Sauerstoffhormone lösen auch Entzündungen aus. Deshalb müssen sie abgebaut werden.

Im Schlaf wachsen außerdem Verbindungsstränge zwischen den Nervenzellen. Dadurch werden Inhalte aus dem Kurzzeit- in das Langzeitgedächtnis transportiert. Deshalb macht erst ein guter Schlaf die Studieranstrengungen zu einem Erfolg.

Für die Tagesaktivität ist das Hormon Cortisol entscheidend. Es wird in der zweiten Nachthälfte gebildet und in den Zellen der Nebennierenrinde gespeichert. Es steht dann morgens für die Tagesaktivitäten zur Verfügung. Der Körper benötigt etwa 50 mg am Tag. Das Cortisol ist unmittelbar spürbar: In der Bereitschaft, aktiv zu werden, in der Fähigkeit, sich zu konzentrieren, in Leistungsbereitschaft. Es erleichtert die

Tagesaktivitäten deutlich. Man fühlt sich frischer, mehr von Energie getragen. Cortisol trägt insgesamt dazu bei, dass genügend Energie zur Verfügung steht und auf Belastungen reagiert werden kann.

Cortisol wird durch Impulse gebildet, die vom Hirnzentrum des Hypothalamus zur Hypophyse führen und von da in der Nebennierenrinde die Cortisolbildung anstoßen. Sind die Tag- und Nachtrhythmen gestört, gelangen diese Impulse nicht mehr zur Nebennierenrinde und das Organ wird nicht aktiv.

Cortisol hat darüber hinaus eine starke Wirkung auf das Immunsystem und wirkt vor allem als Entzündungshemmer. Sein Fehlen hat depressive Stimmungslagen zur Folge. Der Zusammenhang von Entzündungen und Depression erklärt sich so:

Entzündungen als Ursache für depressive Stimmungslagen

Jede Form von Stress löst zumindest kurzfristig Entzündungsreaktionen aus. Entzündungen nicht im klassischen Sinne, sondern erhöhte Aktivität entzündungsfördernder Substanzen im Organismus. Die Amerikaner sprechen sehr anschaulich von „silent Inflammation", stiller Entzündung. Entzündungsaktivierende Stressoren sind die psychischen Belastungen, Schlafmangel aber auch die Energiezufuhr durch das Essen. Unter Stress werden Adrenalin und Noradrenalin verstärkt ausgeschüttet, die die Entzündungsreaktionen vermitteln. Entzündungen sind physiologisch notwendige Körperreaktionen auf Stress, die erst gefährlich werden, wenn sie länger andauern. Wenn zu wenig Schlaf eine ausreichende Regeneration verhindert, führt das bereits zu einer größeren Entzündungsneigung. Diese erklärt sich dadurch, dass Schadstoffe, zu denen auch die Abfallprodukte der Mitochondrien, die schädlichen Sauerstoffmoleküle gehören, nicht weggeschafft werden. Die Zellen reagieren darauf mit einem eingebauten Entzündungsmechanismus. Dieser muss wieder „abgeschaltet" werden. Einer der wichtigsten körpereigenen Stoffe, der Entzündungen stoppt, ist das Cortisol. Als Medikament Cortison dient es zur Behandlung von Entzündungen. Fehlt es, nimmt die Entzündungsaktivität zu. Diese kann sich in verstärkter Erkältungsanfälligkeit, aber auch in nächtlichen Schwitzattacken zeigen.

Chronische Entzündungen können sich am Herzmuskel bemerkbar machen. Entzünden sich Adern, lagern sich an den entzündeten Stellen die schlechten Cholesterine ab.
Dass Entzündungen auch zu depressiven Stimmungen führen, ist meist nicht bekannt. Der Zusammenhang ist folgender: Entzündungen führen zu Serotoninmangel, dieser zu Depressionen. Da bei Menschen in der Burnoutfalle sowieso zu wenig Serotonin zur Verfügung steht, sind depressive Stimmungslagen besonders häufig. Burnout ist dennoch etwas völlig anderes als eine schwere Depression, was sich u.a. daran zeigt, dass bei einer schweren, endogenen Depression das Cortisol meist stark erhöht ist, bei Burnout fehlt es dagegen.
Die Zunahme von Depressionen, von der immer wieder berichtet wird, bedeutet nicht, dass die genetische Veranlagung für Serotoninmangel zugenommen hätte, sondern dass die moderne Lebensweise zu mehr Serotoninmangel, Störungen

des Cortisolrhythmus und Entzündungsreaktionen führt und auch zum Fehlen der körpereigenen Stoffe, die den Entzündungsmechanismus der Zelle abschalten. Die genetische Veranlagung zur Depression macht nur 10–20% des Depressionsrisikos aus. Die restlichen 80–90% sind durch die Lebensführung bedingt.

Größere Infarkt- und Krebsgefährdung durch Burnout

Entzündungen sind eine Vorstufe von Krebs. Weiter führen Entzündungen der Adern zu Arteriosklerose, Herzinfarkt und Schlaganfall, weil sich das schlechte Cholesterin gerade an entzündeten Abschnitten in den Adern ablagert. Entzündungen machen, obwohl sie Reaktionen der Zellen auf Schadstoffe und Bakterien sowie Viren darstellen, den Körper weniger widerstandsfähig.
Die kurze Beschreibung der Wirkungen des Hormons Cortisol führt zu dem zentralen Steuerungsmittel sowohl der Hirnfunktionen wie in deren Folge der Hormonproduktion. Es ist das Serotonin. Serotonin gehört zu den Botenstoffen, den Neurotransmittern, die das Miteinander der Gehirnzellen in Gang halten. Burnout ist immer mit Serotoninmangel verbunden.

Das Serotonin als zentraler Faktor des Burnout

Burnout entsteht im Kopf. Es führt bei lang andauernden Schlafstörungen und beruflicher Überbeanspruchung am Ende zu Cortisolmangel, das den körperlichen Zusammenbruch erklärt. Vorher passiert aber schon Vieles in den Nervenzellen. Hier spielen Neurotransmitter, körpereigene Substanzen, die die Signale zwischen den Nervenzellen und von den Nerven zu den Organen weiterleiten, eine entscheidende Rolle. Vieles ist hier noch nicht erforscht. Seit vielen Jahren ist jedoch bekannt, dass der Neurotransmitter Serotonin eine zentrale Rolle spielt. Bei Burnout fällt nicht nur das Cortisol ab, sondern stärker noch das Serotonin. Die Gründe sind vielfältig. Falsche Ernährung, die zu wenig Tryptophan (in Milchprodukten und Geflügel) enthält, aus dem Serotonin gebildet wird. Cortisol, das in den Anfängen der Burnoutgefährdung stärker gebildet wird, hemmt die Serotoninbildung. Weiter wird durch die Überbeanspruchung und den Schlafmangel zu viel Serotonin verbraucht und zu wenig gebildet. Serotonin hat eine Sonderstellung unter den Signalstoffen des Nervensystems. Es wirkt Schlaf-fördernd, motivierend und anti-depressiv, es wird deshalb auch als Glückshormon bezeichnet. Serotoninmangel mindert die Konzentrationsfähigkeit, verschlechtert die Gedächtnisleistung und vergrößert das Suchtrisiko. Serotonin ist außerdem die Vorstufe zur Bildung von Melatonin. Wenn es fehlt, wird zu wenig von dem Einschlafhormon gebildet.

Wenn die Ent-Rhythmisierung des Schlafzyklus soweit getrieben wurde, dass die Nebennierenrinde zu wenig Cortisol produziert, kommen Stoffwechselstörungen, Krankheitsanfälligkeit, erhebliche Konzentrationsprobleme, Niedergeschlagenheit und länger anhaltende depressive Stimmungen hinzu. Der, die Betroffene ist immer weniger in der Lage, das tägliche Arbeitspensum zu leisten. Jetzt ist endgültig das gefährliche Stadium erreicht, aus dem sich der einzelne allein kaum noch befreien kann. Überforderungsgefühle werden bestimmend. Jetzt scheinen nur noch Alkohol oder Medikamente zu helfen. Wegen des fehlenden Cortisols haben aber der, die einzelne nicht mehr die Motivation und Energie, den Lebensstil so zu ändern, dass ein gesunder Schlafrhythmus zurück gewonnen wird. Der totale körperliche Zusammenbruch wird unausweichlich.

Schlafstörungen sind also die erste Stufe auf dem Weg ins Burnout. Sie machen deutlich, dass die zentrale Regulation zunehmend gestört ist. Dass dies kein Randphänomen ist, zeigen folgende Umfrageergebnisse: 10–20% der Menschen im jüngeren Alter leiden bereits unter ständigen Schlafstörungen und bis zu 50% unter leichteren Störungen.

Resümee:

Es ist deutlich, dass der Schlaf nicht nur eine Phase der Ruhe darstellt, sondern eine Zeit für besondere Aktivitäten des Körpers ist, die die Leistungsfähigkeit am Tag bestimmt. Dabei handelt es sich nicht nur um ein psychisches Problem, sondern um die Produktion von Hormonen, für die der Schlaf Voraussetzung ist. Im Folgenden ist nun zu zeigen, wie man Burnout vorbeugen kann (Kap. 5.3) und was im Falle eines durch den Cortisolmangel bedingten körperlichen Zusammenbruchs medizinisch geraten ist (Kap. 5.4).

5.3 Umgang mit Stress

Das zu hohe Erregungsniveau des modernen Lebensstils

Wer im Garten einmal länger arbeitet, muss nicht so schnell mit Schlafstörungen rechnen wie derjenige, der am PC sitzt oder mit Alkohol den Abend vor dem Fernsehschirm verbringt. Meist kommen wir aber nicht aus dem Garten oder vom Joggen, wenn wir uns auf das Zu-Bett-Gehen einstimmen, sondern bringen noch ein hohes Erregungsniveau mit, das durch die Arbeitsbedingungen wie auch durch viele unserer Freizeitbeschäftigungen erzeugt wird. Die höheren Aufmerksamkeitsleistungen und das allgemeine Tempo unserer Lebenswelt wirken auf das Zusammenspiel von Sympathikus – Parasympathikus. Denn die Signale des zentralen Nervensystems werden überwiegend vom autonomen Nervensystem an die Organe weitergeleitet.

Das autonome Nervensystem teilt sich in das sympathische Nervensystem mit Noradrenalin und Adrenalin und in seinen Gegenspieler, das parasympathische Nervensystem, mit dem Neurotransmitter (Signalstoff) Acetylcholin auf. Der Sympathikus ist das stimulierende System. Es steuert die Herz-Kreislaufaktivität, die Atmung und erhöht die Energiebereitstellung. In vieler Hinsicht sein Gegenspieler ist der Parasympathikus, der vorwiegend dämpfend, regulierend und entzündungshemmend wirkt. In unserer Kultur dominiert der Sympathikus. Überschießende Sympathikusaktivität behindert den Schlaf, steigert den Blutdruck und erhöht das Infarkt- und Schlaganfallrisiko. Es ist offenkundig, dass eine Überbetonung des Sympathikus neben den anderen gesundheitlichen Risiken auch den Schlaf beeinträchtigt. Hinzu kommt die Flexibilisierung der Arbeits- wie der Freizeit.

Hat Burnout eher in der Störung des Tag-Nachtrhythmus seine Ursache, wird Stress durch zu hohe Belastungen verursacht. Während Burnout durch einen Mangel an Cortisol hervorgerufen wird, bewirkt Dauerstress eine ständig zu hohe Ausschüttung des ebenfalls von der Nebennierenrinde gebildeten Adrenalins. Stress führt auf die Dauer zu Bluthochdruck. Weiter wird im Stress die Immunabwehr ausgeschaltet bzw. stark reduziert. Stressreaktionen sollen uns eigentlich helfen, besondere Herausforderungen zu meistern. Wenn das Adrenalin verbraucht ist, hören normalerweise die Stressreaktionen wieder auf, nämlich beschleunigter Herzschlag, mehr Blutzufuhr in die Muskeln, Bluthochdruck, Abschalten des Immunsystems.
In welchem Ausmaß der Ausgleich zwischen Sympathikus und Parasympathikus gestört ist, lässt sich leicht an der Varianz des individuellen Herzrhythmus messen. Der Abstand von Herzschlag zu Herzschlag variiert. Je größer die Wechsel der Zeitabstände zwischen den Herzschlägen sind, desto ausgewogener ist der gesundheitliche Zustand. Wenn der Sympathikus überschießt, ist die Varianz geringer.
Wir können uns auf vielfältige Weise unter Stress setzen oder setzen lassen, so dass wir unter Hochdruck bleiben. Wir müssen die Mechanismen durchschauen, weil Dauerstress den Schlaf beeinträchtigt und das zu Burnout führt.

Verarbeitung von Stressfaktoren

Äußere Faktoren sind z.B. Lärm, Verkehrsbelastungen, Streit, Konflikte. Entscheidender ist aber, wie wir mit Stressfaktoren umgehen. Neuere Forschungen zeigen, dass die Schwangerschaft zu einer Stress-Disposition beim Embryo führen kann, weil die Rezeptoren der Nervenenden bereits programmiert werden. Je ruhiger die Schwangerschaft verläuft, desto geringer die Stressanfälligkeit des Kindes und des späteren Erwachsenen. Wir bringen also eine gewisse Disposition für Stress bereits mit. Wir können aber auch einiges tun, um Stress zu verarbeiten. So machen uns körperliche Fitness und tägliche Bewegung weniger anfällig gegenüber Stressfaktoren. Verarbeitung von Stress findet aber auch in der Seele statt. Wenn unser Tag zu sehr von äußeren Anforderungen geprägt ist, finden wir zu wenig Raum, um Eindrücke zu verarbeiten, Ärger nicht bloß „runterzuschlucken", uns selbst zu steuern. Stressverarbeitung erfordert, dass wir uns nicht nur von außen steuern lassen, nicht bis in den späten Abend eingehende Emails registrieren, sondern uns früh genug vom Internet verabschieden und uns mit uns selbst beschäftigen. Das können wir durch einen Tagesrückblick zum Ritual machen. Wir schauen uns den Tag an, was gelungen ist, wo noch Ärger hängt, wo wir selbst anderen nicht gerecht geworden sind.

Für die Verarbeitung von Belastungen ist das Gespräch eine wichtige Hilfe. Wir sollten nicht zu selten mit jemand anderem unsere Erlebnisse durchgehen und über unsere Gefühle sprechen, die erfreulichen wie die belastenden. Das Gebet hat eine vergleichbare Wirkung für den Abbau von Stress.

Resümee:

Stress ist eine andere Körperreaktion auf Dauerbelastungen als das durch Schlafstörungen verursachte Burnout. Stress, der nicht abgebaut wird, führt zur Reduzierung der Immunabwehr, Bluthochdruck und ebenfalls zu einer größeren Entzündungsneigung. Biochemisch ist Stress durch eine ständig zu hohe Adrenalin-Ausschüttung und dem parallel dazu produzierten Neurotransmitter Noradrenalin bestimmt. Stress ist auch fast immer bei einem Burnout-Zusammenbruch im Spiel, weil er zu schlechterem Schlaf führt.

Wichtig nicht nur für die Gesundheit, sondern für die Erhaltung der Leistungsfähigkeit ist die Vorbeugung gegen Stress und Burnout.

5.4 Burnout-Prophylaxe

Die oben dargestellten biochemischen Vorgänge geben bereits einige Anhaltspunkte, wie man dem Burnout, dem Ausgebranntsein, vorbeugen kann:

1. Regelmäßige Einschlafzeit
   Da der Körper rhythmisch „funktioniert", wirkt ein gleichbleibender Tagesrhythmus bereits stabilisierend. Wichtig ist die Erkenntnis, dass der Körper nur 30 Minuten verschobener Einschlafzeit pro Tag verkraften kann. Wer also 1 Stunde später ins Bett geht, braucht zwei Tage, damit der Körper sich anpassen kann.

2. Hinweise für die beiden Schlaftypen
Von den beiden Schlaftypen ist nach unseren Beobachtungen derjenige mehr gefährdet, der seinen tiefsten Schlafpunkt erst mitten in der Nacht hat. Dieser Schlaftyp ist abends noch nicht müde, er kann auch am späteren Abend noch konzentriert arbeiten und ist daher versucht, statt um 23.00 Uhr erst um 1.00 Uhr oder sogar 2.00 Uhr ins Bett zu gehen. Der „Frühschläfer" ist allerdings auch nicht gegen Burnout gefeit. Wenn er abends nicht für körperlichen Ausgleich gesorgt oder zuviel Alkohol getrunken hat, schläft er nicht tief genug und wird statt um 6.00 Uhr schon um 5.00 Uhr oder noch früher wach, ohne weiterschlafen zu können.

3. Das Erregungsniveau herunterfahren
Unsere Lebenswelt ist nicht nur durch Entrhythmisierung des Tagesablaufs bestimmt, sondern auch durch ein zu hohes Erregungsniveau. Deshalb ist es für die langfristige Gesundheit, für die Vorbeugung gegen Herzinfarkt und Schlaganfall wie zur Burnoutprophylaxe dringend notwendig, den Parasympathikus mehr zu betonen. Den Parasympathikus kann man durch Entspannung, Yoga, Biofeedback und körperliche Aktivität, die nicht leistungsbezogen sein darf, unterstützen.

4. Für innere Zufriedenheit sorgen
Es sind nicht nur die Leistungsanforderungen und die zu hohen Erwartungen an den Erlebniswert der Freizeit, die den Tag-Nacht-Rhythmus durcheinander bringen. Ein wichtiger Faktor für eine schrittweise Herbeiführung eines Burnout-Zusammenbruchs ist auch innere Unzu-

friedenheit. Das lässt sich leicht daran beobachten, ob ich abends ins Bett gehen kann oder noch Zeit brauche, mir etwas „Gutes zu tun".

Der Tagesrückblick kann mich darauf aufmerksam machen, ob ich nur mit Notwendigem beschäftigt war, oder ob ich 90 Minuten für das für mich Wichtige investiert habe. Wer seinen Tag nur von außen hat steuern lassen, der braucht am Abend eine oder mehr Stunden, um etwas für seine Zufriedenheit zu tun. Meist beschäftigt er sich dann aber nicht mit seinem „Wichtigen", sondern schaut fern, verliert sich in den Weiten des Internets oder folgt einer anderen Ersatzhandlung.

5. Richtige Ernährung

Wer im Beruf gefordert ist und seine Freizeit nicht „verdödelt", verbraucht nicht nur mehr Kalorien, sondern auch mehr Neurotransmitter. Durch richtige Ernährung kann man für die Bereitstellung der Aminosäuren, aus denen die Neurotransmitter gebildet werden, etwas tun. Entscheidend ist die Aminosäure Tryptophan für die Bildung von Serotonin. Tryptophan findet sich in Milchprodukten und Geflügel.

Die Entzündungen können durch Rotwein, Tee (vor allem grüner Tee), Sojaprodukte, dunkle Schokolade, Obst (Preiselbeeren) und vor allem durch Omega 3-Fettsäuren gehemmt werden, die sich in Meeresfischen befinden.

Für Schokoladen-Liebhaber: Schokolade bzw. Kakao enthält die Aminosäuren-Vorstufe Tryptophan, ca. 50–70 mg pro 100 g je nach Kakaoanteil der Schokolade. Je höher der Kakaoanteil, desto hilfreicher ist die Schokolade. Außerdem enthält Schokolade etwas Phenylethylamin (PEA), das ähnlich wie Noradrenalin wirkt und auch stimmungsaufhellend sein kann. Nüsse, Käse, Geflügel, Bananen, Milchprodukte enthalten im Übrigen mehr Tryptophan als Schokolade.

6. Bewegung
Wir haben uns eine sitzende Lebensweise angewöhnt, ob im Büro, im Auto, in der Bahn oder vor dem Fernseher. Unsere Lebensweise fördert nicht mehr die Grundfunktionen des Körpers, nämlich Hormone und Neurotransmitter zu bilden, das Wegräumen der Stoffwechselabfallprodukte zu beschleunigen, unser Immunsystem zu stärken.
Das Biosystem unseres Körpers ist aber auf dem Lebensstil eines Steppentieres aufgebaut, nicht auf dem eines Baumbewohners. Wer sich täglich bewegt, spürt am eigenen Körper, dass wir keine Baumbewohner, sondern eigentlich Läufer sind. Neuere Forschungen zeigen, dass der Mensch nicht von Baumbewohnern abstammt, sondern dass diese eine Nebenlinie des Hauptstrangs darstellen, der zum Homo sapiens geführt hat. Aufrechtgehende Vorläufer des Menschen gab es bereits vor dem Menschenaffen.
Bewegung fördert nicht nur den Parasympathikus, sondern auch gezielt die Serotoninbildung, denn sie befördert die Aminosäure Tryptophan, aus der in zwei weiteren Stufen das Serotonin gebildet wird, ins Gehirn.

7. Einstieg in den Tag, Ausstieg aus dem Tag
Wer den Roten Faden in der Hand behalten will, sollte nicht einfach in den Tag stolpern, sondern sich sammeln

und auf das schauen, was heute das Wichtige sein soll. Wir müssen unseren Berufsauftrag jeden Tag bewusst in den Blick nehmen, sonst wird er von den vielen äußeren Anforderungen überwuchert. Es ist wie Gartenpflege. Ein Gemüsegarten, der zu jeder Jahreszeit Ertrag haben soll und in dem immer etwas blüht, braucht jeden Tag die Hand seines Gärtners, seiner Gärtnerin.

Ich behalte auch als Hausfrau oder Rentner den Blick auf das Wichtige, wenn ich mich jeden Tag mit etwas Wichtigem beschäftige, indem ich in der Bibel lese, mich mit philosophischen, historischen Fragen beschäftige oder mir durch Biographien oder Romane Lebensläufe vor Augen führe; wenn ich ein Ehrenamt ausführe oder meine berufliche Weiterentwicklung verfolge.

Beide Schlaftypen brauchen den Abend, um auf den Tag zurückzuschauen, was gelungen ist, was der Tag geschenkt hat und auch auf das, was nicht gelungen ist, wo ich gegen meine eigenen Regeln verstoßen habe, was ich anderen Gutes und Ungutes angetan habe.

5.5 Erholung von Burnout

Anders als Herzinfarkt oder Schlaganfall hinterlässt Burnout keine dauerhaften körperlichen Schäden. Es bleibt allerdings eine Verunsicherung, weil auch derjenige, der sich von dem Zusammenbruch erholt hat, die Angst vor einem erneuten Burnout behält. Der Boden, auf dem man steht, fühlt sich nach einem Burnout-Zusammenbruch nicht mehr so sicher an. Die Angst sollte nicht „ausgehalten", sondern durch Bewegung, Schwimmen, Joggen, Walken weggeräumt werden.

Burnout wird heute meist noch durch Psychotherapie behandelt. Eine Auseinandersetzung mit den Ursachen, die zu dem körperlichen Zusammenbruch geführt haben, ist sicher entscheidend wichtig. Aber eine Neuordnung des Lebens gelingt in Phasen des Cortisolmangels nicht, weil einfach die Antriebskräfte fehlen. Die Cortisolproduktion des Körpers lässt sich durch einen Speicheltest am Morgen und noch zweimal im Tagesverlauf einfach messen. Ist der Cortisolspiegel am Morgen gering, sollte der Arzt für einen begrenzten Zeitraum Cortison verschreiben. Das ist dann geboten, wenn der Zusammenbruch so stark ist, dass der Patient nicht mehr über genügend Energie verfügt, den Tag aktiv zu gestalten. Eine nicht seltene Folge des Cortisolmangels ist eine Depression. Diese wird meist so behandelt, dass sich der Burnoutzustand verfestigt.

Keine Antidepressiva

Eine endogene Depression wie auch die durch Stress und Burnout bewirkte Depression sind wesentlich durch Serotoninmangel geprägt. Ursache für die durch Burnout ausgelöste Depression sind Entzündungen, die dadurch überhand nehmen, weil sie durch das fehlende Cortisol nicht wieder „abgeschaltet" werden. Entzündungen wiederum „verbrauchen" Serotonin. Man würde nun erwarten, dass die Patienten die Stoffe bekommen, die den Aufbau von Serotonin ermöglichen. Das wäre die Aminosäure Tryptophan. Noch besser ist die unmittelbare Vorstufe von Serotonin, das aus Tryptophan gebildete 5-Hydroxy-Tryptophan, das leichter vom Nervensystem aufgenommen werden kann. In der Psychiatrie ist es jedoch heute üblich, Antidepressiva zu verabreichen, die genau das Umgekehrte bewirken: Sie verstärken zwar kurzfristig die Wirkung des zu wenig vorhandenen Serotonins, führen aber zum Ausschwemmen von Serotonin aus dem Körper, messbar an einem höheren Serotoningehalt des Urins. Die Antidepressiva haben zudem starke Nebenwirkungen. Da die Ärzte jedoch an die Verschreibung von Antidepressiva bei Depressionen gewöhnt sind, erhalten auch Burnout Patienten meist Antidepressiva. Damit wird der Serotoninmangel, die wesentliche Ursache für die Störungen, noch verstärkt. Das heißt aber, dass der Burnoutzustand nicht verbessert, sondern verfestigt wird. Abgesehen davon haben Antidepressiva erhebliche Nebenwirkungen, die Tryptophan oder 5-Hydroxy-Tryptophan naturgemäß nicht haben, da es sich um Naturstoffe handelt. Wer aus dem Burnoutzustand herauskommen will, sollte daher auf keinen Fall Antidepressiva nehmen, sondern dem Serotoninmangel entgegenwirken.

Serotonin ist der entscheidende Faktor

Auch wenn sich bei schweren Burnout-Zusammenbrüchen eine Verabreichung von Cortisol empfiehlt, ist Cortisol nicht der entscheidende Faktor. Erst genügend Serotonin bringt den Körper in den richtigen Rhythmus zurück, wenn die oben genannten Punkte beachtet werden – keine Antidepressiva, sondern Tryptophan oder besser noch 5-Hydroxy-Tryptophan, körperliche Bewegung, kein Alkohol und ein geordneter Tagesrhythmus. Serotonin ist auch deshalb entscheidend, weil aus ihm das Einschlafhormon Melatonin gebildet wird.

Weiter sorgt Serotonin dafür, dass die Körperrhythmen wieder zurückkehren. Erst eine Normalisierung des Tag-Nacht-Rhythmus sorgt auch dafür, dass das Gehirn Impulse über den Hypothalamus und die Hypophyse an die Nebennierenrinde sendet, die die Cortisolproduktion wieder in Gang bringen.

Wenn Burnout zu einem länger anhaltenden Zustand geworden ist, hat der Betroffene die falsche Behandlung erfahren. Hauptrisikopunkte sind:

1. Verabreichung von Antidepressiva
2. Nicht-Einhaltung des Tag-Nacht-Rhythmus
3. Falsche Ernährung
4. Aufforderung zu körperlicher Ruhe

Zu 1: Da die Antidepressiva dem Körper Serotonin entziehen, verschlimmern sie nur das Burnout.

Zu 2. Wie oben beschrieben, ist unregelmäßiger und zu wenig Schlaf wichtigster Faktor zur Auslösung von Burnout. Wer weiterhin durch fehlende Unterstützung des Parasympathikus, durch unregelmäßiges zu Bettgehen zu wenig Schlaf bekommt, sowie durch Alkohol oder Tabletten die Wirkungen des Schlafes unterbindet, wird immer wieder von Burnout betroffen sein.

Zu 3: Wenn der Körper nicht genügend Tryptophan erhält, kann er kein Serotonin herstellen:
Es ist für die Wiederherstellung günstig, wenn der Burnout-Patient 5-Hydroxy-Tryptophan erhält, damit wieder genü-

gend Serotonin und damit auch Melatonin gebildet werden kann.

Zu 4: Wenn der Körper sich nicht bewegt, sondern passiv gehalten wird, erhält er nicht die Anregung, die fehlenden Stoffe zu bilden. Entscheidend ist das Serotonin. Durch Bewegung gelangt die Vorstufe des Serotonins, die Aminosäure Tryptophan, in das Gehirn. Untersuchungen haben gezeigt, dass depressive Stimmungen dazu verführen, sich nicht zu bewegen. Wenn die Betroffenen dann noch auf die Wirkung von Antidepressiva vertrauen, wird der Serotoninmangel noch verschärft. Da Körperliche Bewegung bewirkt, dass mehr Typtophan ins Gehirn gelangt, erklärt sich auch die stimmungsaufhellende Wirkung von Bewegung. Weiter reagieren die meisten Menschen auf körperliche Bewegung mit einem größeren Schlafbedürfnis. Bewegung ist auch ein einfaches Gegenmittel gegen die depressiven Stimmungslagen, die bei Burnout häufig auftreten.

Resümee

Ein Burnout-Zusammenbruch verunsichert den Betroffenen enorm. Deshalb ist psychologische Unterstützung wichtig. Es müssen aber auch die biochemischen Zusammenhänge gesehen werden. So verhindert fehlendes Cortisol, dass der Betroffene sein Leben aktiv in die Hand nimmt. Cortisol- wie Serotoninmangel führen zu depressiven Stimmungslagen. Diese werden durch Antidepressiva verschärft, so dass es in der Therapie vor allem darauf ankommt, die Bildung von Serotonin zu unterstützen. Dafür sind keine teuren Medikamente notwendig, sondern es genügt 5-Hydroxy-Tryptophan, um, verbunden mit einem Bewegungsprogramm, eine schnelle Wiederherstellung zu erreichen. In schweren Fällen sollte das fehlende Cortisol ergänzt werden.

Anhang

Um den Blick für den normalen Alltag zu schärfen, können Sie sich ihn konkret anschauen.

Werte im Alltag erkennen:

Im Anhang finden Sie ein einfaches Formular, um die Werte zu erkennen, von denen Sie sich tatsächlich leiten lassen. Listen Sie einfach einige Tätigkeiten des heutigen oder gestrigen Tages auf. Setzen Sie dann in die 2. Spalte die Werte, die Sie mit diesen Tätigkeiten verwirklichen können, bzw. mit denen Sie anderen eine Wertverwirklichung ermöglichen.

Tätigkeiten auflisten und Werte zuordnen

Im Alltag verrinnt die Zeit häufig schnell. In Ihrer begrenzten Arbeitszeit haben Sie vielfältige Aufgaben zu bewältigen und am Ende des Arbeitstages gibt es manchmal das Gefühl, dass Sie zwar viel getan haben, aber eigentlich nichts, was Sie so richtig zufrieden gestellt hat. Damit Sie sich bewusst machen, in welche Tätigkeiten Ihre Zeit hineinfließt, listen Sie erst einmal in der linken Spalte auf, was Sie an einem normalen Arbeitstag alles zu tun haben. Was sind Ihre Tätigkeiten /Aufgaben von heute oder morgen? Wählen Sie einen normalen Arbeitstag.

Anhang

1. Listen Sie zuerst nur Ihre Tätigkeiten auf.

2. Im zweiten Schritt fügen Sie dann die Werte ein, die Sie mit dieser Tätigkeit verwirklichen

Tätigkeiten	Wertverwirklichung

Diese Auflistung können Sie auch für Ihre private Zeit anlegen.

Anhang

Zu den Autoren:

Die Autoren stehen gerne zur persönlichen Beratung zur Verfügung. Sie können Kontakt aufnehmen über www.weiterbildung-live.de

Jutta Mügge
Trainerin von weiterbildung live

Seit 1990 arbeite ich in Führungstrainings mit den Schwerpunkten Zeitmanagement, Konfliktmanagement, Moderation von Gremien, Teamentwicklung und Coaching. In dieser Arbeit hat sich der Aspekt der einzigartigen Berufung immer mehr herauskristallisiert. An meiner eigenen Lebensaufgabe, aber auch an der anderer wurde deutlich, welchen Einfluss sie auf die Arbeits- und Lebenszufriedenheit hat. Es ist befreiend der eigenen Bestimmung zu folgen, deshalb lege ich in den Coachings für Führungskräfte neben dem Training der „Soft Skills" besonderen Wert auf die Ausgestaltung der Berufung.

Dr. Eckhard Bieger SJ.
Trainer von weiterbildung live

Im Noviziat des Jesuitenordens habe ich gelernt, dass man konzentriert meditieren, lesen, Latein und Griechisch lernen und sich zugleich strikt an Erholungszeiten halten kann. Als ich später die Forschungen zum Biorhythmus und die Aktivitätskurve meines Schlaftyps kennenlernte, konnte ich besser meinen Tag organisieren, die eigenständige, kreative Arbeit mit den Notwendigkeiten zu verbinden. Ich bin wie fast alle anderen der Flexibilisierung der Arbeits- und damit auch der Freizeit unterworfen. Das verlangt einen sorgfältigen Umgang mit der Zeit, denn ich will meine Freiheit nicht am Schalter der Postmoderne abgeben, indem ich alles mache, was gerade gefordert zu sein scheint.

Dr. Wilfried Bieger

Ich habe nach Chemie- und Medizinstudium in Heidelberg und anschließender Facharztweiterbildung in Innerer Medizin und Labordiagnostik u.a. in Heidelberg, Ulm und NewYork fast 20 Jahre mit dem Schwerpunkt Labordiagnostik in Augsburg und später in

München gearbeitet. In München habe ich, zunächst allein, später mit Kollegen zusammen ein Labor mit Schwerpunkt Immunologie und funktionelle Medizin aufgebaut, bevor die Erkenntnis bei mir reifte, dass eigentlich die zentrale Steuerung des Organismus und die Pflege dieser Steuerungsmechanismen am Anfang und an der Spitze von Gesundheit und Krankheit stehen. Die Bedeutung und Komplexität der Erkenntnisse, die uns in den letzten Jahren auf diesem Gebiet zugewachsen sind, spiegeln sich in dem fast unaussprechlichen Fachgebiet der „Psychoneuroendokrinoimmunologie", das für die Zukunft der Medizin und die Gesundheitsveranwortung des Individuums herausragende Bedeutung gewinnen wird. Es erlaubt uns klarer als zuvor Gesundheit als einen selbstverantwortlichen Prozess wahrzunehmen. Ich bin froh, bei dieser neuen Entwicklung dabei sein zu können.

Anhang

Bücher von weiterbildung live

weiterbildung live · Band 1
Den Ton treffen – Kompetenz für Gesprächsleitung
Erfahrungen ansprechen, Probleme herausarbeiten, Entscheidungsprozesse strukturieren, Verhandlungen führen, Konflikte moderieren. Fünfmal Methoden und Strategien für die Gesprächsleitung.
Aus dem Inhalt: · Bausteine der Rhetorik · Die Leitung von Rundgesprächen · Diskussionsbeiträge strukturieren · Konferenzen so leiten, dass es zu Ergebnissen kommt, die von allen mitgetragen werden · Fallbesprechungen für die Entwicklung von Problemstrategien · Konflikte so moderieren, dass die Energien, die hinter diesen Konflikten stecken, freigesetzt werden · Verhandlungen partnerorientiert und ergebnisbezogen führen.
3. Auflage; 199 Seiten, ISBN 978-3-930826-49-0

weiterbildung live · Band 2
**dynamisch, motivierend, sicher –
Kompetenz für Kursleitung**
Kurse dynamisch, motivierend und sicher zu gestalten, erfordert das Wissen um Phasenabläufe, den methodischen Einsatz von Übungen und Medien, den Umgang mit Motivationskrisen und Konflikten sowie die Arbeit an der eigenen Leitungskompetenz. Ein Arbeitsbuch, das an den Erfahrungen ansetzt und Kursplanung und -durchführung systematisch entwickelt.
Aus dem Inhalt: Die Einstiegsphase, den Lernprozess und den Transfer planen · Gruppenprozesse beobachten und die Aufgaben der Leitung in der jeweiligen Phase erkennen · Die Funktion von Konflikten und wie sie bearbeitet werden können · Übungen und Me-

thoden lernproduktiv einsetzen und auswerten · Kursdramaturgie
– der Spannungsbogen im Kurs · TrainerInnen-Typen und persönliche Entwicklungsperspektiven in der Arbeit mit Gruppen.
166 Seiten, ISBN 978-3-923002-95-5

weiterbildung live · Band 3
Übungen und Methoden für die Kursleitung
Übungen und Methoden als Anregung und Ideen, um Kurse und Seminare lebendiger und intensiver gestalten zu können. Ein Arbeitsbuch, das effektive Übungen vorstellt und ihren methodischen Einsatz beschreibt.
Aus dem Inhalt: Übungen methodisch und didaktisch richtig einsetzen · Übungen für die verschiedenen Phasen in Kursen und Seminaren · Übungen für das Training der verschiedenen Gesprächsformen · Checklisten für den Einsatz von Übungen.
3. Auflage, ca. 240 Seiten, ISBN 978-3-923002-97-9

weiterbildung live · Band 4
Hinter Konflikten stecken Energien –
Kompetenz für Leitung und Konfliktbearbeitung
Ungelöste Konflikte binden Energien und machen Teams und Gruppen lustlos. Konflikte ansprechen und durch einfühlsame Moderation lösen setzt Energien frei. An verschiedenen Beispielen werden die Regeln für die Konfliktbearbeitung dargestellt. Für die Leitung von Teams und Gruppen in der Konflikt- und Machtkampfphase werden Beispiele analysiert, der Gruppenprozess dargestellt und Interventionstechniken beschrieben. Es werden die verschiedenen Leitungstypen, ihre Stärken und Schwächen in Konfliktsituationen und deren Entwicklungsperspektiven dargestellt. Der Energieverteilung und deren Ausgleich in Gruppen und Teams wird besondere Aufmerksamkeit gewidmet.

Aus dem Inhalt: Konflikt und Aggression · Mobbing · Typische Konfliktsituationen · Dynamik und Ursache von Konflikten · Persönlichkeitstypen und ihre Konflikte · Strategien der Konfliktlösung · Moderationstechniken.
3. Auflage, 231 Seiten, ISBN 978-3-923002-98-6

weiterbildung live · Band 5
Zeit, Geld, Werte –
Marketing und Öffentlichkeitsarbeit für Bildung und Soziales
In praxisorientierten Kapiteln ist beschrieben, wie Institutionen und selbständige UnternehmerInnen bei wachsendem Konkurrenzdruck und knapperen Finanzen ihr Angebot profilieren und überzeugend in der Öffentlichkeit darstellen können. Checklisten ermöglichen die rasche Umsetzung in die eigene Praxis.
Aus dem Inhalt: Profilierung des Angebotes · Strukturen der Öffentlichkeit in den neunziger Jahren · Das Werteprofil zum Ausdruck bringen, ein unverwechselbares Bild der Öffentlichkeit vermitteln · Umgang mit Medien, Pressearbeit · Texten/Layout · Durch Starprodukte werben · Effektiver Einsatz des Werbeetats · Arbeitsverfahren und Checklisten
2. Auflage, 240 Seiten, ISBN 978-3-930826-11-7

weiterbildung live · Band 6
Inspirierend leiten – verlässlich und innovativ
Von Leitungskräften wird angesichts knapper Finanzmittel und einer größeren Konkurrenz mehr verlangt. Das Erbe der antiautoritären Bewegung stellt Leitung unter den Erwartungsdruck, jedem einzelnen Mitarbeiter gerecht zu werden. Um der Einrichtung, dem Unternehmen ein klares Profil zu geben und zugleich die Energien und Ideen der MitarbeiterInnen zu integrieren, braucht Leitung konkrete Verfahren. Das Buch vertritt ein an

Anhang

Werten orientiertes Unternehmenskonzept und stellt Verfahren und Leitungstechniken vor.

Aus dem Inhalt: Wie werden Werte zur Basis von Leitung? · Wie wird das Wertprofil für die Kunden erkennbar? · Leitung in Krisenzeiten · Team-Motivation · MitarbeiterInnen Förderung · Zeitorganisation und Zugang zu den eigenen Ressourcen · Leitungstypologie · Checklisten zur Planung und qualitätsbezogenen MitarbeiterInnen Fortbildung
2. Auflage, 219 Seiten, ISBN 978-3-930826-47-6

Informationen zu weiterbildung live

Wenn Sie Informationen zu den Angeboten von weiterbildung live wünschen, oder über uns Bücher bestellen wollen, können Sie über folgende Adresse mit uns Kontakt aufnehmen:

weiterbildung live
Berlinerstr. 35
53604 Bad Honnef

Oder nutzen Sie gleich unsere Internetseite:
www.weiterbildung-live.de

Informationen zu WQManangement - Qualität überzeugt

WQManagement ist ein Beratungsunternehmen, das sich aus den Erfahrungen der Trainings von *weiterbildung live* entwickelt hat.

Das Besondere:
— Bestimmung der spezifischen Wertschöpfung und Qualität des Unternehmens und Entwicklung eines Unternehmensprofils
— Bestimmung der Qualität von Dienstleistungen und Angeboten
— Stärkung und Profilierung des Unternehmens
— Entwicklung neuer Angebote
— Qualitätssicherung und Vergabe des WQM – Qualitätssiegels
— Coaching zur Begleitung des Beratungsprozesses

Wenn Sie Informationen zu den Angeboten von WQManagement wünschen, können Sie über folgende Adressen mit uns Kontakt aufnehmen:

WQManagement
Berlinerstr. 14
53819 Neunkirchen-Seelscheid

Oder nutzen Sie gleich unsere Internetseite:
www.wqmanagement.de

Anhang

Qualität überzeugt
Wertorientiertes Qualitätsmanagement

Qualität ist ein anderes Wort für Werte. Nur was wertvoll ist, lohnt auch, dass es in seiner Qualität gesichert wird. Kunden wollen mit einer Einrichtung, mit einem Unternehmen etwas für ihr Leben gewinnen, was für sie einen Wert bedeutet. Wertorientiertes Qualitätsmanagement setzt auf die Werte-Übereinstimmung des Unternehmens mit den Wertvorstellungen der Kunden.

Denn Werte bestimmen einen großen Teil der Entscheidungen. Werte bleiben nicht abstrakt, der Kunde kann sie erleben. Werte schaffen eine tiefere Beziehung zum Unternehmen, zur Einrichtung und eine größere Kontinuität und längerfristige Bindung. Werte führen zu einer größeren Zufriedenheit bei den Nutzern des Angebotes.

Qualität wird deshalb auch so Verstanden, dass die Kunden mit der Qualität der Angebote des Unternehmens, der Einrichtung die Werte verwirklichen können, die ihnen in ihrem Leben wichtig sind. Das Werteprofil signalisiert den Zielgruppen, für was das Unternehmen, die Einrichtung steht. Die Angebote transportieren die Werte zum Kunden. WQManagement beschreibt in diesem Buch, wie die Schritte für ein wertorientiertes Qualitätsmanagement mit den Mitarbeiterinnen und Mitarbeitern umgesetzt und zugleich die Qualität der Angebote weiter entwickelt wird. Qualität sichert Arbeitsplätze, setzt Motivation frei und erhöht die Zufriedenheit am Arbeitsplatz.

136 Seiten, ISBN 978-3-936912-07-4